Kohlhammer

Kompass Recht

herausgegeben von Dieter Krimphove

Urheber- und Designrecht

von

Prof. Dr. Volker Michael Jänich
und
Dr. Jan Eichelberger, LL.M. oec.,
beide Friedrich-Schiller-Universität Jena

Verlag W. Kohlhammer

Inhalt der beiliegenden CD-ROM:
- Gesetzestexte
- Urteile
- Multiple-Choice-Test
- Interaktive Fälle
- Hörfassung des Buchinhalts in MP3 (DAISY)

Die in dem Werk verwendeten Symbole bedeuten:

 = Prüfungstipps für Studenten

 = Tipps für Praktiker

 = Gesetzestext

 = Weiterführender bzw. ergänzender Text auf der CD-ROM

Alle Rechte vorbehalten
© 2012 W. Kohlhammer GmbH Stuttgart
Umschlag: Gestaltungskonzept Peter Horlacher
Gesamtherstellung: W. Kohlhammer Druckerei GmbH + Co. KG, Stuttgart
Printed in Germany

ISBN: 978-3-17-021781-2

Vorwort

Ein weiteres Lehrbuch zum Urheberrecht? An Ausbildungsliteratur zu diesem Teilgebiet des Rechts des geistigen Eigentums herrscht wahrlich kein Mangel. Dennoch meinen wir, eine Lücke im Angebot erspäht zu haben: Ziel des vorliegenden Werkes ist es, eine sehr kompakte, aber gleichzeitig auch die Möglichkeit zur Vertiefung eröffnende Darstellung des Urheberrechts vorzulegen. Das Buch wendet sich an alle, die einen ersten Kontakt mit dem Urheberrecht suchen. Für Studierende der Rechtswissenschaften, die einschlägige Schwerpunktbereiche gewählt haben, kann das Buch ein Einstieg in das Rechtsgebiet oder ein kompaktes Repetitorium sein. Für Studentinnen und Studenten anderer Studiengänge dürfte die Informationsdichte des Werkes oft genügen, um Vorlesungsabschlussklausuren erfolgreich zu meistern. Angesprochen werden aber in gleicher Weise auch Praktiker, wie etwa Verlagsmitarbeiter sowie in der Unterhaltungsindustrie Tätige, die sich schnell in ein für sie noch unbekanntes Rechtsgebiet einarbeiten müssen. Nicht zuletzt will das Buch auch den Urhebern aufzeigen, welche juristischen „Folgen" ihre schöpferische Tätigkeit hat und wie sie ihr Urheberrecht nutzen können.

Eine Besonderheit des Werkes ist es, dass das Geschmacksmusterrecht (Designrecht) miterörtert wird. Dieses Rechtsgebiet wird in der Ausbildungsliteratur trotz seiner stark gewachsenen praktischen Bedeutung vernachlässigt. Damit soll insbesondere den Bedürfnissen der Studierenden gestalterischer Studiengänge Rechnung getragen werden.

Wir wünschen den Leserinnen und Lesern recht viel Freude bei der Lektüre und freuen uns über Anregungen und Hinweise aus dem Kreis der Leserschaft!

Jena, im November 2011
Prof. Dr. Volker Michael Jänich   Dr. Jan Eichelberger, LL.M. oec.

Für Anregungen, Hinweise etc.:

volker.jaenich@uni-jena.de
jan.eichelberger@uni-jena.de

Inhaltsverzeichnis

Abkürzungsverzeichnis

ABl. Nr. L	Amtsblatt der Europäischen Gemeinschaften/Union, Reihe L
AEUV	Vertrag über die Arbeitsweise der Europäischen Union
Brüssel I-VO	Verordnung (EG) Nr. 44/2001 des Rates vom 22.12.2000 über die gerichtliche Zuständigkeit und die Anerkennung und Vollstreckung von Entscheidungen in Zivil- und Handelssachen
BT-Dr.	Bundestagsdrucksache
DPMA	Deutsches Patent- und Markenamt
EuG	Gericht (früher: Gericht erster Instanz)
EuGH	Europäischer Gerichtshof
EuGVVO	Verordnung über die gerichtliche Zuständigkeit und die Anerkennung und Vollstreckung von Entscheidungen in Zivil- und Handelssachen
GeschmMV	Verordnung zur Ausführung des Geschmacksmustergesetzes (Geschmacksmusterverordnung – GeschmMV)
GG	Grundgesetz
GGV	Verordnung (EG) Nr. 6/2002 des Rates v. 12.12.2001 über das Gemeinschaftsgeschmacksmuster (Gemeinschaftsgeschmacksmusterverordnung)
GTA	Genfer Tonträgerabkommen
InfoSoc-Richtlinie	Richtlinie 2001/29/EG zur Harmonisierung bestimmter Aspekte des Urheberrechts und der verwandten Schutzrechte in der Informationsgesellschaft (Urheberrechtsrichtlinie)
IZPR	Internationales Zivilprozessrecht
JuSchG	Jugendschutzgesetz
Lugano-Übereinkommen	Übereinkommen über die gerichtliche Zuständigkeit und die Vollstreckung gerichtlicher Entscheidungen in Zivil- und Handelssachen v. 16. 9. 1988
MarkenG	Gesetz über den Schutz von Marken und sonstigen Kennzeichen (Markengesetz – MarkenG)
Nachw.	Nachweis
öOGH	Oberster Gerichtshof (Österreich)
RA	Rom-Abkommen
Rom II-VO	Verordnung (EG) Nr. 864/2007 des Europäischen Parlaments und des Rates vom 11.7.2007 über das auf außervertragliche Schuldverhältnisse anzuwendende Recht
Rom I-VO	Verordnung (EG) Nr. 593/2008 des Europäischen Parlaments und des Rates vom 17.6.2008 über das auf vertragliche Schuldverhältnisse anzuwendende Recht
RVG	Gesetz über die Vergütung der Rechtsanwältinnen und Rechtsanwälte (Rechtsanwaltsvergütungsgesetz – RVG)
sec.	section
UrhG	Gesetz über Urheberrecht und verwandte Schutzrechte (Urheberrechtsgesetz)
Var.	Variante
VG WORT	Verwertungsgesellschaft Wort
WCT	WIPO-Urheberrechtsvertrag (WIPO Copyright Treaty)
WPPT	WIPO-Vertrag über Darbietungen und Tonträger (WIPO Performances and Phonograms Treaty)

Hinsichtlich der weiteren Abkürzungen wird auf Kirchner, Abkürzungsverzeichnis der Rechtssprache, 6. Aufl. 2008 verwiesen.

Literaturverzeichnis

Dreier/Schulze, Urheberrechtsgesetz, 3. Aufl. 2008

Eichmann/v. Falckenstein, Geschmacksmustergesetz, 4. Aufl. 2010

Fromm/Nordemann (Hrsg.), Urheberrecht, 10. Aufl. 2008

Ingerl/Rohnke, Markengesetz, 3. Aufl. 2010

Jänich, Geistiges Eigentum – eine Komplementärerscheinung zum Sacheigentum?, 2002

Köhler/Bornkamm, Gesetz gegen den unlauteren Wettbewerb, 29. Aufl. 2011

Kummer, Das urheberrechtlich schützbare Werk, 1968

Loewenheim (Hrsg.), Handbuch des Urheberrechts, 2. Aufl. 2010

Palandt, Bürgerliches Gesetzbuch, 70. Aufl. 2011

Ruhl, Gemeinschaftsgeschmacksmuster, 2. Aufl. 2010

Schack, Urheber- und Urhebervertragsrecht, 5. Aufl. 2010

Schricker (Hrsg.), Urheberrecht, 3. Aufl. 2006

Schricker/Loewenheim (Hrsg.), Urheberrecht, 4. Aufl. 2010

Wadle, Geistiges Eigentum, 1996

Wandtke/Bullinger (Hrsg.), Urheberrecht, 3. Aufl. 2009

1. Kapitel   Grundlagen des Urheberrechts

I. Gegenstand des Urheberrechts

Das Urheberrecht ist ein Ausschließlichkeitsrecht für Leistungen auf kulturel- **1**
lem Gebiet, das „Recht der kreativen Köpfe". Es schützt Werke der Literatur,
Wissenschaft und Kunst (§ 1 UrhG). Im Laufe der Zeit traten weitere Schutz-
gegenstände hinzu, z. B. Datenbankwerke (§ 4 Abs. 2 UrhG) und Software (§§ 2
Abs. 1 Nr. 1, 69a ff. UrhG). Allen ist gemein, dass es um geistige Leistungen
(s. § 2 Abs. 2 UrhG) geht. „Schöngeistig", ästhetisch, künstlerisch müssen diese
allerdings nicht zwingend sein. Der Schutz des Datenbankherstellers (§§ 87a ff.
UrhG) ist ein bloßer Investitionsschutz.

Ebenso wie das Patent, das Gebrauchsmuster, die Marke und das Geschmacks- **2**
muster ist das Urheberrecht ein Recht an einem immateriellen Gut (**Immaterialgüterrecht**). Es verleiht seinem Inhaber ein **Ausschließlichkeitsrecht**, mit
Hilfe dessen er andere an von der Nutzung seiner geistigen Leistung ausschließen kann. Wenn man sich der gleichwohl vorhandenen Unterschiede bewusst
ist, kommt durchaus ein Vergleich mit dem Sacheigentum als Herrschafts-
macht über einen körperlichen Gegenstand in Betracht. Verbreitet werden Immaterialgüterrechte daher auch als **„Geistiges Eigentum"**, *„intellectual property"*,
bezeichnet (*Jänich*, S. 182 f.). Die vermögensrechtlichen Elemente des Urheberrechts unterliegen dem Eigentumsschutz des Art. 14 Abs. 1 GG (BVerfGE
31, 229, 238 ff.; 49, 382, 392).

II. Bedeutung des Urheberrechtsschutzes

Warum aber gewährt die Rechtsordnung bestimmten Leistungen überhaupt **3**
Urheberrechtsschutz? Das Urheberrecht (s. § 11 UrhG) soll dem Urheber ermöglichen, sein Werk wirtschaftlich zu nutzen (Verwertungsrechte, §§ 15–23
UrhG) sowie es vor Beeinträchtigungen zu schützen (Urheberpersönlichkeitsrecht, §§ 12–14 UrhG).

4   Sowohl die Kulturschaffenden (Komponisten, Texter, Autoren) als auch die Kulturverwerter (Verlage, Tonträgerhersteller) sind auf Schutzrechte angewiesen, um ihre Leistungen zu vermarkten. Zweifellos motiviert viele Urheber auch und oftmals sogar in erster Linie der Wunsch, etwas Neues zu schaffen, kreativ tätig zu werden, sich künstlerisch auszudrücken (*Schack*, Rn. 11). Doch sind auch sie auf eine Finanzierung ihres Lebensunterhalts angewiesen und müssen diesen (auch) aus den Erträgnissen ihrer schöpferischen Tätigkeit bestreiten. Die Kulturverwerter als Mittler zwischen Urheber bzw. ausübendem Künstler und Kulturverbraucher bedürfen ebenfalls Schutz für ihre oft beträchtlichen finanziellen Investitionen. Nicht selten gehen Verlage, Tonträgerhersteller und Filmproduzenten in Vorleistung und müssen dann später über den Absatz ihrer Produkte die Ausgaben amortisieren und Gewinn erwirtschaften.

5   Geistige Leistungen sind typischerweise viel stärker als das Sacheigentum gefährdet, unberechtigt in Anspruch genommen zu werden. Kaum jemand käme auf die Idee, sich das Fahrrad des Nachbarn anzueignen. Der kostenlose (und in aller Regel illegale) Download des aktuellen Kinofilms aus dem Internet ist dagegen weit verbreitet. Seit Einführung der Digitaltechnik sind qualitativ praktisch identische Kopien urheberrechtlich geschützter Inhalte in unbegrenzter Anzahl und kürzester Zeit möglich. Ohne urheberrechtlichen Schutz und dessen effektive Durchsetzung besteht die Gefahr, dass auf längere Sicht der Anreiz zur Schaffung und Verwertung neuer Werke abnimmt.

6   Nicht verkannt werden darf dabei aber, dass das Urheberrecht – mittelbar – auch den Zugang zu Informationen reguliert. Es ist daher sicherzustellen, dass den Interessen der Allgemeinheit an einem möglichst leichten Zugang zu Informationen Rechnung getragen wird. Das Urheberrecht als verfassungsrechtlich geschütztes Eigentum ist wie das Sacheigentum der Sozialbindung des GG unterworfen (Art. 14 Abs. 2 GG). Der Gesetzgeber versucht, dem durch die Schranken des Urheberrechts (§§ 44a ff. UrhG) Rechnung zu tragen (BGH GRUR 2010, 628, Rn. 27 – Vorschaubilder).

III. Das Urheberrecht im Rechtssystem

7   **1. Rechtsgrundlagen.** Die wesentlichen Rechtsgrundlagen finden sich in dem am 1.1.1966 in Kraft getretenen Gesetz über Urheberrecht und verwandte

Schutzrechte (Urheberrechtsgesetz – UrhG) vom 9.9.1965. Daneben enthält das Verlagsgesetz einige Regelung über den Verlagsvertrag. Die Tätigkeit der Verwertungsgesellschaften wird durch das Gesetz über die Wahrnehmung von Urheberrechten und verwandten Schutzrechten reguliert.

Das UrhG wurde und wird ständig modifiziert, insbesondere um europarecht- **8** liche Vorgaben umzusetzen und um es neuen technischen Entwicklungen an- zupassen. So wurde beispielsweise das Recht der öffentlichen Zugänglichma- chung (§ 19a UrhG), das u. a. das Einstellen eines Werkes ins Internet zum Download erfasst (s. Rn. 318 ff.), 2003 mit dem Gesetz zur Regelung des Urhe- berrechts in der Informationsgesellschaft, dem sog. „Ersten Korb", in das UrhG integriert. Verträge über unbekannte Nutzungsarten (§ 31a UrhG) sind seit dem „Zweiten Korb" (2008) möglich. Derzeit laufen Planungen zu einem „Drit- ten Korb".

Aufgrund der räumlichen Beschränkungen des Urheberrechts auf das Gebiet **9** der Bundesrepublik (Territorialitätsprinzip, s. Rn. 588), kommt internationalen Verträgen (Staatsverträgen) zur gegenseitigen Anerkennung und Gewährung von Urheberrechtsschutz eine erhebliche Bedeutung zu (näher u. Rn. 602 ff.). Für das Urheberrecht relevant sind dabei vor allem die Revidierte Berner Über- einkunft und das TRIPs-Abkommen.

2. Objektives und subjektives Urheberrecht. Der Begriff „Urheberrecht" hat **10** eine doppelte Bedeutung. Er bezeichnet zum einen das dem Urheber verlie- hene Ausschließlichkeitsrecht (Urheberrecht im subjektiven Sinne) und zum anderen die dieses Recht verleihenden und ausgestaltenden Rechtsnormen (Urheberrecht im objektiven Sinne). Das subjektive Urheberrecht gewährt sei- nem Inhaber ein Ausschließlichkeitsrecht. Dieses gilt gegenüber jedermann und ist deshalb ein absolutes Recht.

3. Urheberrecht und Sacheigentum. Das Urheberrecht ist das Recht an einem **11** Geisteswerk, an einem immateriellen Gegenstand. Eine materielle Verkörpe- rung dieses Gegenstandes in einer Sache, dem sog. Werkstück (Buch, Musik- CD, Filmkopie), ist nicht erforderlich. Auch an einer gesprochenen Rede besteht – bei Vorliegen der weiteren Voraussetzungen – ein Urheberrecht (s. Rn. 45), mit Hilfe dessen beispielsweise der Redner verhindern kann, dass seine Rede aufgezeichnet, vervielfältigt und verbreitet wird. Sofern allerdings eine Verkörperung des Werkes vorliegt, ist streng zwischen dem Sacheigentum an dieser Verkörperung und dem Urheberrecht an dem verkörperten Werk zu trennen. Diese sind unabhängig voneinander und stehen selbstständig neben- einander (BGH NJW 1974, 1381 – Schulerweiterung).

3

12

> **Beispiel:**
> Der Erwerb eines Gedichtbandes erfolgt in Bezug auf das Buch nach allgemeinen sachenrechtlichen Regeln (§§ 929 ff. BGB). Nach § 903 BGB kann der Eigentümer mit dem Buch machen, was er möchte: Er kann es verkaufen, verschenken, beschädigen und sogar zerstören. Dagegen darf er es aber grundsätzlich nicht kopieren, denn dies stellt eine Vervielfältigung der urheberrechtlich geschützten Gedichte dar, die zunächst ausschließlich dem Urheber vorbehalten ist (§§ 15 Abs. 1 Nr. 1, 16 UrhG).

> Fallfrage und Fallkonstellation sind genau zu beachten: Ansprüche können aus dem BGB und dem UrhG folgen. Bei BGB-Klausuren wird typischerweise eine Prüfung des Urheberrechts nicht erwartet, da das Urheberrecht nicht zum Pflichtfachstoff gehört. Bei Urheberrechtsklausuren ist dagegen immer an Ansprüche aus dem BGB zu denken. Oft (aber nicht immer!) werden diese durch einen Bearbeitervermerk von der Prüfung ausgeschlossen.

13   **4. Urheberrecht als Teil des Immaterialgüterrechts.** Wie eingangs bereits erwähnt, gibt es neben dem Urheberrecht weitere Immaterialgüterrechte. Zumindest historisch eng verwandt mit dem Urheberrecht ist das ab Rn. 612 dargestellte Geschmacksmusterrecht. Das **Geschmacksmuster** ist ein gewerbliches Schutzrecht für gestalterische Leistungen (Design). Diese sind zwar grundsätzlich auch dem Urheberrechtsschutz zugänglich, doch gelten hier strengere Maßstäbe (s. Rn. 68).

14   Für erfinderische Leistungen auf technischem Gebiet werden **Patente** oder **Gebrauchsmuster** erteilt. Beide gewähren ihrem Inhaber für längstens 20 Jahre die Befugnis, die geschützte Erfindung exklusiv zu benutzen.

15   **Marken** sind Kennzeichen zur Unterscheidung von Waren oder Dienstleistungen eines Unternehmens von denen eines anderen (§ 3 Abs. 1 MarkenG). Neben den im Markengesetz geregelten deutschen Marken, die dem Territorialitätsprinzip entsprechend nur im Inland Schutz bieten, gibt es die EU-weit geltenden Gemeinschaftsmarken nach der Gemeinschaftsmarkenverordnung. Marken werden (mit Ausnahme der nationalen Benutzungsmarke, § 4 Nr. 2 MarkenG) auf Antrag durch das Deutsche Patent- und Markenamt (DPMA) bzw. das Harmonisierungsamt für den Binnenmarkt (Marken, Muster und Modelle) (HABM) erteilt.

Weitere Kennzeichenrechte sind **geschäftliche Bezeichnungen** in Form von **16** Unternehmenskennzeichen (§ 5 Abs. 2 MarkenG) und **Werktiteln** (§ 5 Abs. 3 MarkenG) sowie **geographische Herkunftsangaben**. Auch der **Name** einer natürlichen oder juristischen Person ist geschützt (§ 12 BGB).

Zu den Immaterialgüterrechten zählen ferner das **Sortenschutzrecht** für Pflan- **17** zensorten sowie das **Halbleiterschutzrecht** zum Schutz dreidimensionaler Strukturen von mikroelektronischen Halbleitererzeugnissen („Computerchips").

IV. Geschichte des Urheberrechts

1. Antike. In der Antike waren Rechte an geistigen Leistungen unbekannt und **18** letztlich auch unnötig. Wer den höheren Künsten (artes liberales) nachging, forderte ohnehin keine Gegenleistung, sondern bestritt seinen Lebensunterhalt aus anderen Quellen. Verbreitet war hierfür das Mäzenatentum (von Maecenas, dem Förderer u.a. von Horaz und Vergil), das Leistungen auf künstlerischem und wissenschaftlichem Gebiet durch (freiwillige) Zahlung eines Honorars ermöglichte und förderte (*Jänich*, S. 10 f.). Außerdem sah man in der Vervielfältigung und Verbreitung eher eine Anerkennung des Dichters als verwerfliches Handeln. Allerdings beklagte bereits der römische Dichter Martial, dass Dritte seine Gedichte als ihre ausgaben. Er nannte solche Personen *plagiarii*, dt. Menschenräuber, weil sie ihm sein geistiges Kind raubten (*Jänich*, S, 9). Dieses Bild lebt im heutigen *Plagiat* als Bezeichnung für die unberechtigte Aneignung fremder geistiger Leistungen fort.

2. Mittelalter. Auch im Mittelalter bestritten die Kulterschaffenden ihren Le- **19** bensunterhalt entweder aus adeliger Abkunft oder aus ihrer Zugehörigkeit zu einem Orden (Kloster) oder einer Zunft (*Schack*, Rn. 104). Rechte an geistigen Leistungen waren mit den christlich geprägten Vorstellungen unvereinbar. Für eine von Gott gegebene Fähigkeit konnte keine irdische Gegenleistung verlangt werden. Außerdem waren der Vervielfältigung natürliche Grenzen gesetzt, da sie durch Abschreiben erfolgen mussten. Drängender war deshalb der Schutz gegen die Verfälschung von Schriften, dem mittels Bücherflüchen zu begegnen versucht wurde (*Schack*, Rn. 104).

20   **3. Die Erfindung des Buchdrucks.** Die Situation änderte sich schlagartig mit der Erfindung des modernen Buchdrucks in der Mitte des 15. Jahrhunderts. Nunmehr waren Nachdrucke in größerer Auflage relativ einfach möglich und ein entsprechender Schutz wurde notwendig. Zunächst blieb aber auch dabei der Urheber unberücksichtigt. Stattdessen gewährte man den Druckern ein befristetes Privileg zur ausschließlichen Ausübung ihres Berufes in einer bestimmten Gegend (Druckprivileg) oder später für ein bestimmtes Werk oder eine Werkgattung (Bücherprivileg). Es handelte sich also um ein Gewerbemonopol für eine handwerkliche Leistung, das Drucken (*Schack*, Rn. 106). Der Schutz der Urheber war im Regelfall ein bloßer Reflex (ausführlich *Jänich*, S. 32 ff.).

21   Das Druckprivileg sollte Anreiz und Belohnung sein, in einer Stadt oder Region die Buchdruckerkunst einzuführen. Das erste Druckprivileg erhielt 1469 ein Johann von Speyer von der Stadt Venedig (*E. Ulmer*, § 9 II 1 [S. 51]). Er allein durfte dort für eine Dauer von fünf Jahren drucken. Nachdem die Buchdruckerkunst hinreichend verbreitet war, wurden Privilegien zum Schutze bestimmter Bücher oder Buchreihen vergeben. Deren Zweck bestand vornehmlich darin, den Absatz der Auflage und damit die Amortisation der Kosten für den Satz sicherzustellen. Zugleich konnte man den Inhalt der gedruckten Werke kontrollieren („Bücheraufsicht", s. *Schack*, Rn. 108).

22   **4. Renaissance.** Mit der Renaissance setzte allmählich eine Anerkennung auch der geistigen Leistungen der Urheber ein. Es wurden nunmehr auch Autorenprivilegien erteilt, mit deren Hilfe die Autoren den Nachdruck ihrer Werke verhindern konnten und die eine Belohnung für die geistige Leistung darstellten. Das erste derartige Privileg wurde 1486 wiederum von der Stadt Venedig an einen Marcus Antonius Sabellicus erteilt für dessen herausragende Darstellung der Stadtgeschichte (*Schack*, Rn. 107). Obwohl in der Folge eine Vielzahl von Autorenprivilegien vergeben wurden, konnte man noch nicht von einem Urheberrecht heutigen Verständnisses sprechen, denn die Erteilung und inhaltliche Ausgestaltung war stets eine Einzelfallentscheidung des jeweiligen Landesherrn.

23   **5. Das 18. Jahrhundert.** Erst im 18. Jahrhundert setzte sich die Vorstellung vom Urheberrecht als geistigem Eigentum durch und der Schutz bewegte sich endgültig vom Verleger und Drucker zum Urheber des Werkes. Das erste moderne Urheberrechtsgesetz, die Statute of Anne von 1710 in England, gewährte dem Autor 14 Jahre Schutz vor unberechtigter Vervielfältigung seines Werkes ab dessen Veröffentlichung, mit der Möglichkeit, den Schutz einmal um weitere 14 Jahre zu verlängern (*Jänich*, S. 62 f.). Im Laufe der Zeit erließen viele Staaten

Gesetze zum Schutze der Urheber, die aber sowohl in ihrer Ausgestaltung als auch vor allem in ihrer Schutzdauer teils erheblich von einander abwichen.

6. Die Entwicklung in Deutschland. In Deutschland gab es aufgrund der terri- **24** torialen Zersplitterung lange Zeit kein einheitliches Urheberrecht. Die Autoren waren auf einzelstaatliche Rechte angewiesen. Später folgten dann zumindest Gegenseitigkeitsabkommen zwischen den einzelnen Staaten und schließlich 1832 ein Erlass der Bundesversammlung, nach der die Nachdruckgesetze den Angehörigen aller Bundesstaaten zugute kommen sollten (*Schack*, Rn. 116). Erst unter dem Dach des Norddeutschen Bundes trat 1870 das Gesetz betreffend das Urheberrecht an Schriftwerken, Abbildungen, musikalischen Kompositionen und dramatischen Werken in Kraft. Hinzu kam 1876 Urheberrechtsschutz für Werke der bildenden Künste und Fotografien sowie für Muster und Modelle. Letzterer wurde 2004 durch das heutige Geschmacksmustergesetz (dazu eingehend u. Rn. 616) abgelöst. Der Urheberrechtsschutz wurde durch das Gesetz betreffend das Urheberrecht an Werken der Literatur und der Tonkunst (LUG) von 1901 sowie das Gesetz betreffend das Urheberrecht an Werken der bildenden Künste und Photographie (KUG) von 1907 neu geregelt. Am 1.1.1966 trat schließlich das heutige UrhG in Kraft; LUG und KUG wurden aufgehoben, bis auf die Bestimmungen über das Recht am eigenen Bild.

2. Kapitel   **Das Werk**

25   Urheberrechtsschutz genießen Werke der Literatur, Wissenschaft und Kunst (§ 1 UrhG). Das Gesetz umreißt mit dieser Aussage den klassischen Gegenstand des Urheberrechts. Der Kreis der schutzfähigen Werke ist indes viel weiter, wie sich beispielsweise an der Einbeziehung von Computerprogrammen (§ 2 Abs. 1 Nr. 1 UrhG) oder Sammel- und Datenbankwerken (§ 4 UrhG) sowie den Werken der Baukunst (§ 2 Abs. 1 Nr. 4 UrhG) zeigt. Gleichwohl ist nicht jede gedankliche Leistung, nicht alles Schöpferische oder Künstlerische dem Urheberrechtsschutz zugänglich. Voraussetzung für Urheberrechtsschutz ist stets das Vorliegen eines Werkes.

I.   Definition (§ 2 Abs. 2 UrhG)

26   § 2 Abs. 2 UrhG definiert das urheberrechtliche Werk als „persönliche geistige Schöpfung". Daraus lassen sich vier Wesenselemente ableiten, die kumulativ vorliegen müssen (Schricker/*Loewenheim*, § 2 Rn. 9):

- Persönliche Schöpfung
- Geistiger Gehalt
- Formgebung
- Individualität

Diese vier Voraussetzungen müssen in der Klausur sicher beherrscht werden! Sie sind in beinahe jeder Klausur zu prüfen.

27   **1. Persönliche Schöpfung.** Als urheberrechtliches Werk kommen nur Ergebnisse einer menschlich-gestalterischen Tätigkeit („persönliche Schöpfungen") in Betracht (Schricker/*Loewenheim*, § 2 Rn. 11). Werke können deshalb nur von Menschen geschaffen werden (LG Berlin GRUR 1990, 270 – Satellitenfoto). Leistungen von Tieren oder Maschinen sind nicht schutzfähig. Der Urheber kann sich bei der Werkschaffung aber der Unterstützung durch eine Maschine bedienen. So kann ein Holzbildhauer eine Motorsäge verwenden oder ein Komponist mit Hilfe eines Computers komponieren. Beschränkt sich dagegen die Tätigkeit des „Komponisten" darauf, eine Software zu bedienen, die Zufallstöne erzeugt, so kommt ein Urheberrechtsschutz für die Software in Betracht, nicht aber für das akustische Ergebnis.

An einer persönlichen Schöpfung im Sinne einer menschlich-gestalterischen Tätigkeit fehlt es auch, wenn lediglich ein in der Natur vorgefundenes Objekt (sog. *objet trouvé*) präsentiert wird (*Schack*, Rn. 183). Problematisch wird dies insbesondere in der modernen Kunst: **28**

> **Beispiel:** **29**
> Präsentation eines Urinals im Originalzustand durch Marcel Duchamp auf einer Ausstellung 1917 in New York („Fountain").

Wenngleich der Künstler mit der Präsentation eines sog. *Ready-mades* eine Aussage verbunden wissen möchte, hat diese sich doch in keiner Weise in der Außenwelt manifestiert. Es läge allein in seiner Hand, ein urheberrechtsschutzfähiges Werk „herbeizureden" (zu diesem Ergebnis kommt aber die von *Kummer*, Das urheberrechtlich schützbare Werk, passim, vertretene „Präsentationslehre"). Zum Werk wird ein solcher Gegenstand erst durch eine stoffliche Veränderung, die auch in der Kombination mehrerer, für sich genommen unverändert bleibender Gegenstände bestehen kann (*Schack*, Rn. 183). **30**

> **Beispiel:** **31**
> Veränderung von Duchamps Urinal durch Bepflanzung, Bemalung oder Kombination mit weiteren Elementen.

2. Geistiger Gehalt. Das Werk muss einen geistigen Inhalt gedanklicher, emotionaler oder ästhetischer Art zum Ausdruck bringen (Dreier/*Schulze*, § 2 Rn. 12). Es muss dazu etwas über das bloße sinnlich wahrnehmbare Substrat Hinausgehendes enthalten (Schricker/*Loewenheim*, Einl. Rn. 7). Urheberrechtsschutz wird für die geistige Leistung, die sich in dem Werk manifestiert, gewährt. Lediglich handwerkliche Leistungen – seien diese auch noch so „künstlerisch" und virtuos – vermitteln über das geschaffene Erzeugnis hinaus keinen weiteren Inhalt und haben deshalb keinen geistigen Gehalt (Wandtke/*Bullinger*, § 2 Rn. 21). **32**

> **Beispiel:** **33**
> Eine originalgetreue 1:1-Kopie eines Werkes mag eine künstlerische Leistung sein, ist jedoch niemals selbst ein Werk (BGH NJW 1966, 542 – Apfel-Madonna), sondern bleibt lediglich eine Vervielfältigung des Originals (§ 16 UrhG, dazu Rn. 226 ff.).

34   **3. Formgebung.** Die bloße Vorstellung von einem Werk ist nicht schutzfähig. Die Idee muss aus dem Geist des Schöpfers hervorgetreten sein, sie muss eine für Dritte sinnlich wahrnehmbare Gestalt in der Außenwelt angenommen haben (BGH GRUR 1985, 1041, 1046 – Inkasso-Programm). Eine körperliche Fixierung ist dazu indes nicht notwendig; auch das gesprochene Wort, eine musikalische Improvisation oder eine choreographische Darbietung sind umfasst; ferner ist unerheblich, ob das Werk unmittelbar oder nur mittels technischer Hilfsmittel wie beispielsweise eines CD- oder DVD-Players wahrnehmbar ist (BGH GRUR 1962, 470, 472 – AKI).

35   Die Formgebung muss dabei weder vollendet noch von Dauer sein. Bereits Entwürfe, Skizzen, Teile und Werke ohne Absicht der Vollendung (*work in progress*) sind schutzfähig, sofern sie für sich genommen die weiteren Schutzvoraussetzungen (insb. die Gestaltungshöhe, s. Rn. 38) erfüllen (Schricker/*Loewenheim*, § 2 Rn. 22).

36   **4. Individualität.** Das Werk muss Ergebnis einer individuellen geistigen, schöpferischen Leistung des Urhebers sein. Es ist folglich ein durch den menschlichen Geist geprägtes Produkt, das die Persönlichkeit des Urhebers widerspiegelt (Wandtke/*Bullinger*, § 2 Rn. 21). Die Individualität kann sich aus der konkreten Ausgestaltung eines Textes oder Gemäldes ergeben, aber auch aus der eigenschöpferischen Sammlung, Auswahl und Anordnung einzelner Elemente (GRUR 1980, 227, 230 – Monumenta Germanae Historica).

37   Individualität setzt einen Gestaltungsspielraum voraus, der beispielsweise fehlt, wenn die Gestaltung technisch bedingt ist (Dreier/*Schulze*, § 2 Rn. 33). Dagegen ist die Verwendung bereits bekannter oder gemeinfreier Gestaltungselemente urheberrechtsschutzfähig, wenn durch ihre Kombination untereinander oder mit weiteren Elementen eine besondere eigenschöpferische Wirkung und Gestaltung erzielt wird (BGH GRUR 1979, 332, 336 – Brombeerleuchte). Insbesondere muss nichts völlig Neues geschaffen werden (BGH GRUR 1982, 305, 307 – Büromöbelprogramm; anderes gilt im Bereich der technischen Schutzrechte [Patent und Gebrauchsmuster], für die Neuheit erforderlich ist). Die individuelle Leistung muss sich lediglich vom Alltäglichen, Landläufigen, üblicherweise Hervorgebrachten abheben (öOGH GRUR Int. 1998, 815 – Arzneimittel-Gebrauchsinformation).

38   Der Grad der Individualität, die sog. **Gestaltungshöhe**, muss ein bestimmtes Maß erreichen. Die Rechtsprechung verfährt dabei aber grundsätzlich recht großzügig und lässt schon einen geringen Abstand vom Alltäglichen, die sog. „kleine Münze", ausreichen (BGH GRUR 1981, 267, 268 – Dirlada). Lediglich bei Werken der angewandten Kunst (§ 2 Abs. 1 Nr. 4 Var. 3 UrhG, dazu Rn. 68) genügt die kleine Münze nicht; hier wird stattdessen ein deutliches Überragen der Durchschnittsgestaltung gefordert (BGH GRUR 1995, 581, 582 – Silberdistel), da als Schutzunterbau das Geschmacksmusterrecht (dazu Rn. 67 f., 612 ff.) zur Verfügung stehe.

> Zum Merkmal der Individualität finden sich oft Hinweise im Sachverhalt, die die Subsumtion erleichtern (Stichwort: „durchschnittlich"). Diese sind für die Lösung auszuwerten.

5. Freiheit der Idee. Ideen, wissenschaftliche Erkenntnisse und Lehren (s. BGH GRUR 1991, 130, 132 – Themenkatalog), Stilmittel, Methoden und Technik (s. BGH GRUR 1977, 547, 550 – Kettenkerze; grundlegend BGHZ 5, 1, 4 ff. – Hummelfiguren) als solche sind urheberrechtlich nicht schutzfähig (die *technische* Idee kann als Erfindung aber Gegenstand eines Patents oder Gebrauchsmusters sein). Erst die konkrete Umsetzung, etwa die Anwendung eines Malstils oder die Niederschrift einer wissenschaftlichen Erkenntnis in einem Buch, führt zu einem urheberrechtsschutzfähigen Werk – einem Gemälde (§ 2 Abs. 1 Nr. 4 UrhG) oder einem Sprachwerk (§ 4 Abs. 1 Nr. 1 UrhG). **39**

> **Beispiel:** **40**
> - Wer im Stile Vassiliy Kandinskys malt, verletzt dadurch nicht dessen Urheberrecht, weil ein solches am Malstil selbst nicht besteht.
> - Gibt er das Bild als eines von Kandinsky aus, kommen eine Verletzung des allgemeinen Persönlichkeitsrechts von Kandinsky (dazu Rn. 187) sowie ein Betrug (§ 263 StGB) des Erwerbers in Betracht.
> - Erst das originalgetreue Abmalen des Bildes ist urheberrechtlich relevant als Vervielfältigung (§ 16 UrhG).

Soweit sich aber eine Idee, ein Handlungsstrang, eine Figur in einer konkreten Umsetzung niedergeschlagen hat, genießt sie ausnahmsweise selbst Urheberrechtsschutz für ihre charakteristischen Merkmale (BGH GRUR 1999, 984, 987 – Laras Tochter). **41**

> **Beispiel (BGH, GRUR 1999, 984 – Laras Tochter):** **42**
> Ein englischer Rechtsanwalt schrieb unter dem Pseudonym „Alexander Mollin" eine Fortsetzung des Romans Dr. Schiwago von Boris Pasternak, indem er die Charaktere aus Dr. Schiwago, insbesondere Lara, die Geliebte des Dr. Schiwago, aufgreift und die Geschichte fortschreibt. Obwohl keine wörtlichen Übernahmen erfolgten, sah der BGH darin eine Urheberrechtsverletzung.

II.   Werkartenkatalog (§ 2 Abs. 1 UrhG)

43   § 2 Abs. 1 UrhG enthält einen Katalog der wichtigsten Werkarten. Dieser ist nicht abschließend („insbesondere"), sondern offen für Weiterentwicklungen.

44   **1. Sprachwerke (§ 2 Abs. 1 Nr. 1 UrhG). – a) Gegenstand.** Sprachwerke sind der klassische Gegenstand des Urheberrechts. Sie bringen den gedanklichen oder emotionalen Werkinhalt durch Sprache zum Ausdruck (Schricker/*Loewenheim*, § 2 Rn. 79). Die geistige Schöpfung liegt dabei entweder in der Gedankenfüh-rung des dargestellten Inhalts oder in der besonderen Sammlung, Einteilung und Anordnung des dargebotenen Stoffes (BGH GRUR 1997, 459, 460 – CB-infobank I).

45   Das Gesetz nennt Schriften und Reden als Unterfälle des Sprachwerkes. Es stellt damit klar, dass eine körperliche Fixierung in Form eines gedruckten Bu-ches o.Ä. nicht notwendig ist.

46   Der Inhalt des Sprachwerkes ist für dessen Schutzfähigkeit unerheblich (Schricker/*Loewenheim*, § 2 Rn. 81). Schutzfähig sind deshalb nicht nur die „klassischen" Werke der schöngeistigen Literatur wie Romane, Gedichte oder Erzählungen (Dreier/*Schulze*, § 2 Rn. 86), sondern auch Abhandlungen wissen-schaftlichen, politischen und religiösen Inhalts (Schricker/*Loewenheim*, § 2 Rn. 82) sowie Alltagstexte (Wandtke/*Bullinger*, § 2 Rn. 45).

47   **Beispiele:**
- Beiträge in (hier juristischen) Fachzeitschriften (OLG Köln, GRUR 2000, 414 – GRUR/GRUR Int.)
- technische Regelwerke und Normen (BGH GRUR 2002, 958 – Technische Lieferbedingungen; BGH GRUR 1990, 1003 – DIN-Normen)
- AGB (OLG Celle, ZUM-RD 2009, 14)
- Bedienungsanleitungen (BGH GRUR 1993, 34 – Bedienungsanweisung)
- anwaltliche Schriftsätze (BGH GRUR 1986, 739 – Anwaltsschriftsatz)

48   Die Form (Buch, Zeitungs- oder Zeitschriftenbeitrag, Rede, Predigt, Vorlesung) ist ebenso ohne Bedeutung wie die verwendete Sprache, so dass auch Geheim-sprachen oder Abkürzungen (s. z. B. den „Palandt") umfasst sind, sofern diese jemand versteht, sie also zur Vermittlung des gedanklichen Inhalts geeignet sind (Schricker/*Loewenheim*, § 2 Rn. 80).

Unerheblich ist grundsätzlich die Länge des Werkes, sodass auch eine Lied- **49**
zeile, ein Werbetext (OLG Köln GRUR 1934, 758, 759: „Biegsam wie ein Früh-
lingsfalter bin ich im Forma Büstenhalter") oder sogar ein Anagramm (KG
GRUR 1971, 368 – Folterhilda) schutzfähig sein kann. Allerdings wird die notwendige Gestaltungshöhe umso eher verfehlt, je kürzer der Text ist (Dreier/
Schulze, § 2 Rn. 83).

Nicht alles, was gesprochen oder geschrieben wird, ist auch sogleich ein **50**
Sprachwerk. Die Grenze zwischen individueller schöpferischer Leistung und
alltäglichem Wortbeitrag ist allerdings oft schwer zu bestimmen. Insbesondere
ist die Rechtsprechung uneinheitlich und teilweise widersprüchlich. So wurde
einerseits Schutz gewährt für Adress- und Telefonbücher, Formulare, Vertrags-
urkunden, Bedienungsanleitungen, Wanderführer, Partnerschaftsannoncen,
andererseits wurden hohe Anforderungen bei wissenschaftlichen Beiträgen,
Anwaltsschriftsätzen und Briefen gestellt (näher mit vielen Beispielen Fromm/
Nordemann/*A. Nordemann*, § 2 Rn. 59–121).

b) Titel eines literarischen Werkes. Der Titel eines literarischen Werkes kann **51**
selbst ein Sprachwerk sein, wobei in der Praxis aber häufig die Gestaltungshöhe
nicht erreicht wird und deshalb kein urheberrechtlicher Schutz besteht
(Wandtke/*Bullinger*, § 2 Rn. 65). Primär anwendbar ist hier stattdessen das
Kennzeichenrecht, das die für den kommerziellen Erfolg wichtige Bezeichnung des Werkes als **Werktitel** schützt (§ 5 Abs. 3 MarkenG). Dieser Werktitel-
schutz ist unabhängig vom Urheberrechtsschutz des Werkes und kann auch
nach dessen Ablauf fortbestehen (BGH GRUR 2003, 440, 441 – Winnetous
Rückkehr).

c) Computerprogramme. Auch **Computerprogramme** gelten als Sprachwerke. **52**
Zu beachten sind dabei die Sonderregelungen in den §§ 69a–69g UrhG. So genügt
es nach § 69a Abs. 3 UrhG, dass das Programm ein individuelles Werk in dem
Sinne darstellt, dass es das Ergebnis der eigenen geistigen Schöpfung des Pro-
grammierers ist. Andere Kriterien, insbesondere qualitative oder ästhetische,
sind dabei nicht anzuwenden (Satz 2). Im Ergebnis sind damit nur völlig banale
Programme vom Urheberrechtsschutz ausgenommen. Wiederum ist aber nicht
die Idee oder Lösung eines Problems (s. § 69a Abs. 2 S. 2 UrhG), sondern nur
die konkrete Umsetzung in der Software geschützt (Schricker/*Loewenheim*, § 69a
Rn. 8). Daraus erklärt sich der teilweise zu beobachtende Ruf nach der Auswei-
tung des Patentschutzes für Computerprogramme, denn dort ist die Anleitung
zur Lösung eines Problems und damit die dahinter stehende Idee selbst geschützt.

53   **2. Musikwerke (§ 2 Abs. 1 Nr. 2 UrhG).** Ein Musikwerk ist eine komponierte Abfolge von Tönen, die den geistigen Gehalt des Werkes ausdrückt (*Schack*, Rn. 215). Der musikalische Inhalt markiert dabei den Unterschied zu bloßen Geräuschen (*Schack*, Rn. 215). Unerheblich ist, wie die Töne erzeugt werden, ob durch die menschliche Stimme, Musikinstrumente, elektronische Geräte (Keyboard) oder sonstige Gegenstände (Dreier/*Schulze*, § 2 Rn. 134). Auch eine Aneinanderreihung von Naturgeräuschen genügt, sofern darin eine kompositorische Leistung liegt (*Schack*, Rn. 215). Wiederum muss aber der Urheber den Schöpfungsprozess steuern. Daran fehlt es beispielsweise, wenn sich die Leistung des „Komponisten" im An- und Abstellen eines Zufallsgenerators, der selbständig Töne produziert, erschöpft (Fromm/Nordemann/*A. Nordemann*, § 2 Rn. 128).

54   Der Kreis der Musikwerke ist weder inhaltlich noch qualitativ beschränkt. Er umfasst die sog. „ernste", klassische Musik (E-Musik) und Kirchenmusik ebenso wie die Unterhaltungsmusik (U-Musik). Er reicht somit vom Oratorium, der Sinfonie und dem Violinkonzert über Popmusik, Schlager und Volksmusik bis hin zur Techno-Musik. Die Anforderungen an die Gestaltungshöhe sind gering. Es reicht aus, dass die formgebende Tätigkeit des Komponisten nur einen geringen Schöpfungsgrad aufweist, ohne dass es dabei auf den künstlerischen Wert ankommt (BGH GRUR 1981, 267, 268 – Dirlada). Die Komposition muss sich nicht in den Grenzen der klassischen Harmonik, Melodik und Rhythmik bewegen (Schricker/*Loewenheim*, § 2 Rn. 120).

55   Die Länge des Musikwerkes ist unerheblich, sofern die notwendige Gestaltungshöhe erreicht wird und überhaupt eine Abfolge von Tönen vorliegt. Ein einzelner Ton oder Akkord, ein Klang oder Geräusch ist daher nicht schutzfähig (Dreier/*Schulze*, § 2 Rn. 136). Die Melodie eines Musikwerkes genießt dagegen sogar besonderen Schutz (§ 24 Abs. 2 UrhG – sog. starrer Melodienschutz, dazu Rn. 109).

56   Urheberrechtsschutz entsteht, sobald die Komposition in der Außenwelt wahrnehmbar ist. Die schriftliche Niederlegung in Form von Noten ist dafür genügend, aber nicht notwendig. Auch die niemals körperlich festgelegte Improvisation ist im Zeitpunkt ihrer Darbietung in der Außenwelt wahrnehmbar und damit ein Musikwerk (Dreier/*Schulze*, § 2 Rn. 135). Wer die Improvisation ohne Erlaubnis des Musikers aufnimmt und verbreitet, begeht eine Urheberrechtsverletzung.

57   **3. Pantomimische und choreographische Werke (§ 2 Abs. 1 Nr. 3 UrhG).** Pantomimische und choreographische Werke bringen einen gedanklichen oder emotionalen Inhalt mit Mitteln der Bewegung, Mimik und Gestik, mithin der Körpersprache, zum Ausdruck (Wandtke/*Bullinger*, § 2 Rn. 74).

Beispiele: **58**
Ballett, Ausdruckstanz.

Einzelne Schritte, Tanzfiguren, Drehungen oder Gebärden aus dem Formen-   **59**
schatz sind im Interesse der Allgemeinheit nicht schutzfähig. Notwendig ist
vielmehr eine gewisse Abfolge unter Einsatz dieser Elemente (LG München I
GRUR 1979, 852, 853 – Godspell).

Rein sportlichen und akrobatischen Darbietungen fehlt typischerweise der ge-   **60**
dankliche Inhalt. Zwar folgen diese meist auch einem vorgegebenen Ablauf,
doch dient dieser im Wesentlichen dazu, die verschiedenen Schrittformen und
Figuren vorzuführen. Denkbar ist aber eine Kombination von artistischer mit
künstlerischer Leistung (OLG Köln GRUR-RR 2007, 263 – Arabeske).

4. Werke der bildenden Kunst (§ 2 Abs. 1 Nr. 4 UrhG). Schwierigkeiten bereitet   **61**
die Beschreibung der Werke der bildenden Kunst. Kunst lässt sich nicht ein-
deutig definieren (vgl. BVerfGE 75, 369, 377; BGH NJW 1990, 3026 f. – Opus
Pistorum). Ganz allgemein sind Werke der bildenden Kunst sämtliche Gegenstände, die einen ästhetischen Gehalt durch die Gestaltung von Flächen oder
Körpern ausdrücken (Fromm/Nordemann/*A. Nordemann*, § 2 Rn. 137). Entscheidend für die Einordnung als Kunst ist dabei die Auffassung der für Kunst
empfänglichen und mit Kunstanschauungen einigermaßen vertrauten Kreise
(BGH GRUR 1983, 377, 378 – Brombeer-Muster). Nach der Rechtsprechung
muss es sich um eine Schöpfung mit individueller Prägung handeln, deren
ästhetischer Gehalt einen solchen Grad erreicht hat, dass nach den im Leben
herrschenden Anschauungen noch von Kunst gesprochen werden kann (BGH
GRUR 1981, 517, 519 – Rollhocker m.w.N.).

Unerheblich ist, ob das Kunstwerk schön oder hässlich, künstlerisch wertvoll   **62**
oder geschmacklos ist. Auch auf das Material (Farbe, Holz, Stein) oder auf die
Dauerhaftigkeit des Werkes (etwa eine Skulptur aus Sand) kommt es nicht an
(*Schack*, Rn. 226).

a) Bildende Kunst im engeren Sinne. Diese („reine" Kunst) zeichnet sich da-   **63**
durch aus, dass sie um ihrer selbst und ihrer Wirkung auf den Konsumenten
Willen existiert, jedoch keinem funktionellen Gebrauchszweck dient (BGH
GRUR 2011, 803, Rn. 31 – Lernspiele).

64   **Beispiele:**
Gemälde, Zeichnungen, Skulpturen, Kunstdrucke.

65   Hier werden keine besonders hohen Anforderungen an die Gestaltungshöhe gestellt, so dass regelmäßig von einem urheberrechtsschutzfähigen Werk auszugehen ist (BGH GRUR 1995, 581, 582 – Silberdistel).

66   Die bloße Präsentation eines Alltagsgegenstandes macht diesen indes nicht zum Werk der bildenden Kunst. Werkcharakter kann aber die Kombination mehrerer, auch alltäglicher, Objekte zu einer Gesamtheit aufweisen (s. o. Rn. 30).

67   **b) Werke der angewandten Kunst.** Diese Werke (Schmuck, Möbel, Vasen, Teppiche, Modeerzeugnisse, aber auch Logos und Signets) unterscheiden sich von den Werken der bildenden Kunst im engeren Sinne durch ihren Gebrauchszweck. Während Werke der bildenden Kunst im engeren Sinne typischerweise keinen über die Vermittlung des gedanklichen Inhalts hinausgehenden Zweck verfolgen, steht bei Werken der angewandten Kunst der Gebrauchszweck des Produkts im Vordergrund (BGH GRUR 1995, 581, 582 – Silberdistel). Die Gestaltung, das „Design" des Produkts dient primär der Dekoration und nicht dem Ausdruck eines geistigen Inhalts.

68   Von Bedeutung ist diese – im Einzelfall häufig schwierige – Differenzierung für die zu erreichende Gestaltungshöhe. Bei Werken der angewandten Kunst genügt die sog. kleine Münze nicht (gebilligt von BVerfG GRUR 2005, 410 – Laufendes Auge). Vielmehr muss die gestalterische Leistung die Durchschnittsgestaltung deutlich überragen (BGH GRUR 1995, 581, 582 – Silberdistel). Damit wird vermieden, dass rein dekorative Produktgestaltungen, das Design, auf lange Zeit monopolisiert werden. Der Schutz der designerischen Leistung wird durch das Geschmacksmusterrecht (s. Rn. 612 ff.) und das Lauterkeitsrecht hinreichend gewährleistet.

69   **c) Werke der Baukunst.** Werke der Baukunst schließlich sind Bauten aller Art (Gebäude, Brücken, Türme) einschließlich Teile dieser Bauten (Fassade eines Hauses, Deckengestaltung) sowie der Innengestaltung (Beispiel: BGH GRUR 2008, 984 – St. Gottfried). Einen „künstlerischen Zweck" (so noch § 2 Abs. 1 S. 2 KUG a.F.) müssen die die Bauwerke nicht verfolgen. Es genügt, dass das Bauwerk aus der Masse alltäglichen Bauschaffens herausragt. Alltagsbauten, die sich nicht oder nur wenig vom durchschnittlichen Architektenschaffen abheben, sich also eher als handwerkliche Routineleistung darstellen, sind somit nicht schutzfähig (OLG Karlsruhe GRUR 1985, 534, 535 – Architektenplan).

Dagegen schließt ein Gebrauchszweck des Bauwerks den Urheberrechtsschutz nicht aus (BGH GRUR 2011, 59, Rn. 23 – Lärmschutzwand). Die notwendige Individualität kann sich ferner in der Einfügung oder Anpassung des Bauwerkes in seine Umgebung oder in die Landschaft äußern (BGH GRUR 2011, 59, Rn. 23 – Lärmschutzwand).

d) Entwürfe solcher Werke (§ 2 Abs. 1 Nr. 4 a.E. UrhG). Entwürfe wie beispiels- **70** weise Skizzen eines Gemäldes oder einer Skulptur, sind bereits selbständige Werke, sofern sie für sich genommen bereits die weiteren Schutzvoraussetzungen erfüllen. Von besonderer Bedeutung ist dies bei Architektenplänen. Haben diese ein schutzfähiges Bauwerk zum Inhalt, dürfen sie nur mit Zustimmung des Urhebers umgesetzt werden (s. OLG Frankfurt a.M. GRUR-RR 2007, 307, 308 – Mehrfamilienhaus), denn auch die Umsetzung eines zweidimensionalen Werkes in ein dreidimensionales Werk ist eine Vervielfältigung nach § 16 Abs. 1 UrhG (s. Rn. 234; für Bauwerke BGH GRUR 1999, 230, 231 – Treppenhausgestaltung).

5. Lichtbildwerke (§ 2 Abs. 1 Nr. 5 UrhG). Lichtbildwerke sind Fotografien, das **71** heißt ursprünglich Abbildungen, die aufgrund einer durch den Einfall von Licht ausgelösten chemischen Reaktion auf einem Träger entstanden sind (Möhring/Nicolini/*Ahlberg*, § 2 Rn. 30). Gleichgestellt sind Bilder, die in einem ähnlichen Verfahren geschaffen werden. Nach der Rechtsprechung bedarf es dazu der Nutzung von *„strahlender Energie“* (BGH GRUR 1962, 470, 472 – AKI). Wie diese technisch „eingefangen“ wird, ist unerheblich, so dass neben der herkömmlichen Analog-Fotografie auf Film ebenso Aufnahmen mit der Digitalkamera sowie einzelne Film-, Video- oder Fernsehbilder erfasst werden (Schricker/*Loewenheim*, § 2 Rn. 179 f.).

Dagegen ist das am Computer mit einem Mal- oder Zeichenprogramm erzeug- **72** tes Bild kein Lichtbildwerk oder gleichgestelltes Werk, denn dabei wird keine „strahlende Energie“ eingefangen und abgebildet, sondern erst erzeugt (OLG Hamm GRUR-RR 2005, 73, 74 – Web-Grafiken, str.). In Betracht kommt aber ein Schutz als Werk der bildenden Kunst (Beispiel: OLG Köln GRUR-RR 2010, 141 – 3D-Messestände). Die technische Nachbearbeitung (Retusche) eines Lichtbild(werk)es ist dagegen für den Fortbestand des Urheberrechtsschutzes unschädlich.

Nicht jede Fotografie ist ein Lichtbildwerk. Im Gegensatz zum bloßen **Lichtbild** **73** **(§ 72 UrhG)** sind Lichtbildwerke das Ergebnis einer eigenen geistigen Schöpfung des Urhebers (Schricker/*Loewenheim*, § 2 Rn. 182). Sie zeichnen sich durch eine gewisse künstlerische Gestaltungskraft, eine inhaltliche Aussage aus, im Gegensatz zu einer weitgehend naturgetreuen Wiedergabe von etwas Vorhandenem durch ein Lichtbild (*Schack*, Rn. 239). Der Urheber kann dafür insbesondere fotografische Möglichkeiten (Motivwahl, Blickwinkel, Blende, Schärfe, Verteilung von Licht und Schatten) schöpferisch einsetzen (eingehend *Loewenheim/A. Nordemann*, § 9 Rn. 132 ff.), wobei wiederum die kleine Münze genügt (OLG Düsseldorf GRUR-RR 2009, 45, 46 – Schaufensterdekoration).

74   **6. Filmwerke (§ 2 Abs. 1 Nr. 6 UrhG).** Filmwerke bzw. gleichgestellte Werke sowie **Laufbilder (§ 95)** sind Abfolgen von Bildern, die den Eindruck bewegter Bilder erzeugen (*Fromm/Nordemann/A. Nordemann*, § 2 Rn. 203). Inhalt, Aufnahmeverfahren (analog, digital) und Trägermaterial (Zelluloid, Magnetband) sind dabei unerheblich (*Schricker/Loewenheim*, § 2 Rn. 186).

75   **Beispiele:**
Kino- und Fernsehfilme, Dokumentarfilme, Amateurvideofilme, Zeichentrickfilme, computeranimierte Filme (hier so es nicht auf strahlende Energie ankommen), Musikvideos, Werbespots.

76   Von den Laufbildern (§ 95 UrhG) unterscheiden sich Filmwerke dadurch, dass sie unter Ausnutzung filmischer Gestaltungsmöglichkeiten (u.a. Handlungsablauf, Regie, Kameraführung, Schnitt; eingehend *Loewenheim/A. Nordemann*, § 9 Rn. 167 ff.) entstanden sind, wie dies beispielsweise bei Spielfilmen typischerweise der Fall ist (*Schricker/Loewenheim*, § 2 Rn. 191). Grundsätzlich können aber auch Natur- und Dokumentarfilme sowie Reportagen und Werbespots Schutz als Filmwerk genießen (*Wandtke/Bullinger*, § 2 Rn. 123). Die Grenze zum bloßen Laufbild ist dort überschritten, wo ausschließlich ein chronologischer Ablauf dargestellt wird, ohne dass Raum für eine eigene Gestaltung durch den Filmurheber verbleibt (*Schack*, Rn. 244). Der Aufzeichnung eines Theaterstücks, eines Konzerts, der Übertragung einer Fernsehshow oder Nachrichtensendung fehlt die Individualität, weil und soweit es sich um ein bloßes Abfilmen handelt.

77   **7. Darstellungen wissenschaftlicher oder technischer Art (§ 2 Abs. 1 Nr. 7 UrhG).** Dies sind zwei- oder dreidimensionale Darstellungen eines Gegenstandes, die im Gegensatz zu Werken der bildenden Kunst keinen ästhetischen, emotionalen Inhalt ausdrücken, sondern der Vermittlung von belehrenden oder unterrichtenden Informationen über den dargestellten Gegenstand mit dem Ausdrucksmittel der graphischen oder plastischen Darstellung dienen (BGH GRUR 2011, 803, Rn. 39 – Lernspiele).

Beispiele: **78**
- Bau- und Bebauungspläne (BGH GRUR 1979, 464 – Flughafenpläne)
- Landkarten, Stadtpläne (BGH GRUR 1998, 916 – Stadtplanwerk)
- Technische Zeichnungen (BGH GRUR 1985, 129 – Elektrodenfabrik)
- Lehrmittel, wie Schaubilder oder Modelle (OLG Frankfurt/M., GRUR 1989, 589 – Eiweißkörper)

Die erforderliche Individualität der Darstellung ergibt sich aus der Art und **79** Weise der Darstellung des wissenschaftlichen oder technischen Inhalts (BGH GRUR 2011, 803, Rn. 50 – Lernspiele).

Urheberrechtlich geschützt ist stets nur die Darstellung, nicht der abgebildete **80** Gegenstand selbst. Wer nach einer technischen Zeichnung eine Maschine baut, begeht keine Urheberrechtsverletzung (BGH GRUR 1989, 416, 417 – Bauaußenkante). Der dargestellte Gegenstand ist urheberrechtlich (ggf. aber patent- oder gebrauchsmusterrechtlich) nicht gegen Nachbau geschützt. Zu unterscheiden ist dies von der Ausführung eines Architektenentwurfs. Wer diesen ausführen und das darin wiedergegebene Bauwerk errichten möchte, bedarf der Zustimmung des Architekten (s. Rn. 70).

III. Weitere Werkarten

1. Unbenannte Werkarten. Der Werkartenkatalog des § 2 Abs. 1 UrhG ist nicht **81** abschließend („insbesondere"). Denkbar sind daher beispielsweise **Multimediawerke**, als Kombination von Sprache, Ton, Bildern, Filmsequenzen, Daten und Computerprogrammen mittels digitaler Technik zu einem Gesamtwerk. Auch ein **Happening** kann ein Werk sein, sofern der Künstler bestimmenden Einfluss auf den Ablauf behält, etwa durch genaue Anweisungen an die Handelnden (*Schack*, Rn. 249). In aller Regel lassen sich jedoch auch neuartige Werkarten in den Werkartenkatalog des § 2 Abs. 1 UrhG einordnen.

2. Sammel- und Datenbankwerke (§ 4 UrhG). – a) Sammelwerk. Ein **Sammelwerk** **82** (§ 4 Abs. 1 UrhG) ist die Zusammenfassung mehrerer Werke, Daten oder Elemente zu einer nach individuellen Ordnungsvorstellungen geformten Einheit.

Beispiele: **83**
Lexikon, Handbuch und Festschrift im Hinblick auf die enthaltenen Beiträge, Kochbuch im Hinblick auf die enthaltenen Rezepte.

84   Die urheberrechtliche Leistung beim Sammelwerk ist die Auswahl und/oder die Anordnung der einzelnen Elemente (Schricker/*Loewenheim*, § 4 Rn. 9). Geschützt ist dabei ausschließlich diese Auswahl und Anordnung der Elemente des Sammelwerkes, nicht dagegen dessen Inhalt. Deshalb muss die Zusammenstellung für sich genommen die Anforderungen an ein Werk (§ 2 Abs. 2 UrhG), insb. die Gestaltungshöhe, erreichen. Daran fehlt es bei einer ganz alltäglichen, routinemäßigen, nahe liegenden Auswahl oder Anordnung der Elemente (Schricker/*Loewenheim*, § 4 Rn. 10).

85   **Beispiele:**
- Die alphabetische Sammlung aller Bundesgesetze (z. B. „Das Deutsche Bundesrecht") ist kein Sammelwerk, weil sowohl Auswahl (alle Bundesgesetze) als auch Anordnung (alphabetisch) ohne jede Individualität sind.
- Dagegen ist eine Zusammenstellung der für Ausbildung und Praxis wichtigen Gesetze (z. B. im „Schönfelder" oder „Sartorius") als Sammelwerk schutzfähig (s. auch OLG Frankfurt/M. GRUR 1986, 242 – Gesetzessammlung).

86   Die Elemente des Sammelwerkes müssen selbst nicht urheberrechtsschutzfähig sein (BGH GRUR 1992, 382, 384 – Leitsätze). Wenn sie es sind, bedarf die Verwertung des Sammelwerkes der Zustimmung des Inhabers der Rechte (insb. Vervielfältigungs- und Verbreitungsrecht) an den Elementen. Das Urheberrecht am Sammelwerk begründet keinerlei Rechte an den zugrunde liegenden Elementen. Daran bestehende Urheberrechte bleiben durch die Aufnahme in ein Sammelwerk selbstverständlich unberührt und müssen vom Urheber des Sammelwerkes bei dessen Verwertung respektiert werden (Schricker/*Loewenheim*, § 4 Rn. 22–25).

87   Umstritten ist, ob die Elemente einen geistigen Gehalt haben müssen oder auch Objekte (Gegenstände) umfasst sind (Überblick über den Streitstrand bei *Dreier*/Schulze, § 4 Rn. 10). Da auch die Auswahl und Anordnung von realen Objekten eine schöpferische Leistung sein kann, ist auch diese als Sammelwerk schutzfähig.

88   **Beispiele:**
Briefmarkensammlung; Auswahl und Anordnung der Werke in einer Ausstellung.

89   Die einzelnen Elemente des Sammelwerkes müssen unabhängig sein. Sie müssen sich dazu voneinander trennen lassen, ohne dass der Wert ihres informativen, literarischen, künstlerischen, musikalischen oder sonstigen Inhalts dadurch beeinträchtigt wird (BGH GRUR 2005, 940, 941 – Marktstudien [zu § 87a Abs. 1 UrhG]), also für sich genommen einen Sinn ergeben.

Beispiel: **90**
Einzelne Noten eines Musikstückes sowie einzelne Punkte auf einer Landkarte sind nicht voneinander unabhängig, so dass weder das Notenblatt noch die Landkarte ein Sammelwerk ist.

Da sich der urheberrechtliche Schutz des Sammelwerkes nur auf dessen Struktur bezieht, liegt eine Rechtsverletzung nur dann vor, wenn so viele Elemente **91** übernommen werden, dass damit zugleich auch die das Sammelwerk prägende Struktur übernommen wird (s. BGH GRUR 1992, 382, 384 – Leitsätze).

b) Datenbankwerk (§ 4 Abs. 2 UrhG). Ein Datenbankwerk ist ein Unterfall des **92** Sammelwerkes und muss deshalb zunächst dessen Voraussetzungen erfüllen. Hinzukommen muss eine systematische oder methodische Anordnung der Elemente. Während beim Sammelwerk jede Anordnung oder Auswahl der Elemente genügt, sofern sie nur die notwendige Gestaltungshöhe erreicht, müssen die Elemente der Datenbank nach bestimmten Ordnungsgesichtspunkten zusammengestellt sein (*Loewenheim*, § 9 Rn. 244). Ferner muss es möglich sein, auf die Elemente einzeln – nicht notwendigerweise elektronisch – zugreifen zu können.

Beispiel: **93**
Eine Liste mit den 1.000 wichtigsten Gedichten aus der Zeit von 1730 bis 1900, die der Urheber nach bestimmten Kriterien ausgewählt und angeordnet hatte, wird als Datenbankwerk geschützt (BGH GRUR 2007, 685 – Gedichttitelliste I).

Datenbankwerke (§ 4 Abs. 2 UrhG) und Datenbanken (§ 87a UrhG) sind etwas vollkommen Verschiedenes, werden aber gerne miteinander verwechselt.

3. Amtliche Werke (§ 5 UrhG). Ungeachtet ihrer systematischen Stellung sind **94** amtliche Werke keine eigene schutzfähige Werkart, sondern bezeichnen bestimmte Dokumente, die vom Urheberrechtsschutz ausgenommen sind. Obwohl diese durchaus Sprachwerke sein könnten, müssen die Interessen der Verfasser hinter dem öffentlichen Informationsinteresse zurücktreten. Im

Gegensatz zu den nur einzelne Befugnisse beschneidenden urheberrechtlichen Schranken (§§ 44a bis 63a UrhG, näher Rn. 351 ff.) hindert § 5 Abs. 1, 2 UrhG bereits die Entstehung eines Urheberrechts. Solche Dokumente können von jedermann frei verwendet werden.

95   Die in § 5 Abs. 1 UrhG genannten Dokumente (insb. Gesetze, Verordnungen, amtliche Erlasse und Urteile) sind stets gemeinfrei. **Amtlich** ist ein Werk, wenn es von einem Träger der öffentlichen Gewalt herrührt (*Dreier*/Schulze, § 5 Rn. 5). Dazu zählen neben Gerichten und staatlichen Behörden auch Körperschaften, Anstalten und Stiftungen des öffentlichen Rechts, wie etwa Universitäten, Gemeinden und Kirchen sowie Beliehene, wie beispielsweise der TÜV (*Dreier*/Schulze, § 5 Rn. 5).

96   **Beispiele:**
- Die Herausgabe einer neuen Gesetzessammlung bedarf hinsichtlich der Vervielfältigung (§ 16 Abs. 1 UrhG) und Verbreitung (§ 17 Abs. 1 UrhG) der enthaltenen Gesetzestexte nicht der Zustimmung der Verfasser, da Gesetze wegen § 5 Abs. 1 UrhG urheberrechtlich nicht geschützt sind.
- Der Nachdruck einer bereits existierenden Gesetzessammlung kann jedoch ein Eingriff in ein Sammelwerk (§ 4 Abs. 1 UrhG) sein.

97   **Sonstige**, d. h. nicht Absatz 1 unterfallende, **amtliche Dokumente** (Beispiel: OLG Düsseldorf, ZUM-RD 2007, 521: Angaben über die notwendige Fahrradausrüstung auf der Internet-Seite der Polizei) sind nur gemeinfrei, wenn sie im amtlichen Interesse zur allgemeinen Kenntnisnahme veröffentlicht worden sind. Ferner unterliegt ihre Verwendung einem Änderungsverbot und der Pflicht zur Quellenangabe (Satz 2).

98   **Privat erstellte Normwerke** (z. B. Normen des Deutschen Instituts für Normung [DIN], s. BGH, GRUR 1990, 1003 – DIN-Normen) sind nach den allgemeinen Regeln schutzfähig, solange sie nicht von einer Behörde im amtlichen Interesse wörtlich wiedergegeben werden und dadurch § 5 Abs. 1 oder 2 UrhG unterfallen (§ 5 Abs. 3 S. 1 UrhG). Wird auf sie lediglich Bezug genommen (verwiesen), bleibt der Urheberrechtsschutz unberührt, jedoch ist der Urheber bzw. der Inhaber des ausschließlichen Vervielfältigungs- und Verbreitungsrecht zur Einräumung einfacher Vervielfältigungs- und Verbreitungsrechte zu angemessenen Bedingungen verpflichtet (§ 5 Abs. 3 S. 2, 3 UrhG). Damit soll sichergestellt werden, dass auch in diesem Falle die Öffentlichkeit Zugang zu den Normwerken erhält.

IV. Bearbeitung (§§ 3, 23 UrhG) und freie Benutzung (§ 24 UrhG)

Werke dienen häufig anderen Schöpfern als Inspiration bei der eigenen Tätig- **99** keit. Die Bandbreite reicht dabei vom Aufgreifen eines Stils oder einer Idee über eine direkte Anleihe und eine Weiterentwicklung bis hin zur vollständigen Übernahme (sog. Plagiat). Das Urheberrecht hat hier zwei Fragen zu beantworten: Zum einen möchte der Schöpfer des jüngeren Werkes wissen, ob ihm dafür Urheberrechtsschutz zukommt. Dies beantwortet § 3 UrhG. Zum anderen ist zu klären, ob er das ältere Werk in der entsprechenden Weise überhaupt nutzen durfte. Maßgeblich hierfür sind die §§ 23, 24 UrhG.

1. Die Bearbeitung als Werk – das Bearbeiterurheberrecht (§ 3 S. 1 UrhG). Der **100** Gesetzestext ist hier wenig gelungen und missverständlich.

a) Umgestaltung. Ausgangspunkt ist eine Umgestaltung eines eigenen oder **101** fremden Werkes (des. sog. Originalwerkes). Das Gesetz nennt hier beispielhaft lediglich die Übersetzung (§ 3 S. 1 UrhG). Weitere Umgestaltungen sind die Übertragung in eine andere Werkart wie die Verfilmung eines Romans, das Herstellen eines Drehbuches, das Fortschreiben einer Geschichte (s. Schricker/ *Loewenheim*, § 23 Rn. 9–12).

Das der Umgestaltung zugrunde liegende Werk muss urheberrechtsschutzfä- **102** hig sein, wobei es unschädlich ist, wenn das Urheberrecht aufgrund Zeitablaufs (§ 64 UrhG) bereits erloschen ist. Wer ein nicht urheberrechtsschutzfähiges Werk „umgestaltet", erwirbt ein eigenes Originalurheberrecht nach § 2 UrhG, ohne dass insoweit die §§ 3, 23, 24 UrhG von Bedeutung sind.

Die bloße Kopie des Originalwerks dagegen ist schon keine Umgestaltung und **103** damit auch keine Bearbeitung, sondern eine (im Regelfall unzulässige) Vervielfältigung (§ 16 Abs. 1 UrhG, näher u. Rn. 226 ff.).

b) Bearbeitung. Stellt sich die Umgestaltung des Originalwerkes selbst als eine **104** persönliche geistige Schöpfung im Sinne des § 2 Abs. 2 UrhG dar, erreicht sie insbes. die erforderliche Gestaltungshöhe, dann handelt es sich um eine urheberrechtlich schutzfähige Bearbeitung. Der Bearbeiter erwirbt an seiner Bearbeitung ein eigenes Urheberrecht, das sog. **Bearbeiterurheberrecht**. In Bezug auf sein Werk, d. h. auf die Bearbeitung, genießt er die gleichen Befugnisse, wie sie ein Originalurheber hat. Er kann sich also insbesondere der Verwertung (Vervielfältigung, Verbreitung etc.) widersetzen und genießt den Schutz des Urheberpersönlichkeitsrechts. Dies gilt auch gegenüber dem Originalurheber.

105 Dagegen erwirbt der Bearbeiter keinerlei Rechte an dem Originalwerk. Die Verwertung der Bearbeitung unterliegt deshalb den Grenzen des in § 23 UrhG geregelten **Bearbeitungsrechts**. Danach ist die Veröffentlichung und Verwertung jeglicher Umgestaltungen, und damit auch von Bearbeitungen, stets nur mit Einwilligung des Urhebers zulässig (§ 23 S. 1 UrhG). Das heißt, der Bearbeiterurheber erwirbt zwar ein Urheberrecht, kann aber ohne Einwilligung des Originalurhebers dieses nicht verwerten. Er ist somit diesbezüglich vom Originalurheber abhängig. In den Fällen des § 23 S. 2 UrhG bedarf er sogar bereits für die Herstellung der Umgestaltung selbst der Einwilligung.

106 Die Anforderungen an die Gestaltungshöhe einer Bearbeitung bestimmen sich nach der entsprechenden Werkart, mit einer Ausnahme: § 3 S. 2 UrhG stellt höhere Anforderungen an die Bearbeitungshöhe bei Werken der Volksmusik. Dies ergibt sich nicht aus dem Gesetzestext, sondern nur aus der Entstehungsgeschichte. Nur unwesentliche Umgestaltungen von gemeinfreien (traditionellen) Volksmusiktiteln sollen im Interesse der Brauchtumspflege urheberrechtsfrei bleiben (näher *Schack*, Rn. 272 f.).

107
> **Beispiel:**
> Ü übersetzt einen Roman des A ins Englische und räumt dem Verleger V das Verlagsrecht (§ 8 VerlG) an seiner Übersetzung ein, ohne dass A daran beteiligt ist. A hingegen räumt (ohne Beteiligung des Ü) Verleger X das Verlagsrecht an seinem Roman ein. P schließlich kopiert die Übersetzung des Ü und bringt diese seinerseits auf den Markt. Unterlassungsansprüche (§ 97 Abs. 1 S. 1 UrhG) von A und Ü?
>
> **I. Ansprüche des A**
> **1. gegen Ü**
> Die Übersetzung ist eine Bearbeitung (§ 3 S. 1 UrhG), deren Veröffentlichung und Verwertung nur mit Zustimmung des Originalurhebers (A) zulässig ist (§ 23 S. 1 UrhG). Da diese Zustimmung fehlt, verletzt Ü das Bearbeitungsrecht des A. A hat gegen Ü einen Unterlassungsanspruch.
> **2. gegen V**
> A hat auch einen Unterlassungsanspruch gegen V, denn dieser hat die Verlagsrechte in Bezug auf den der Übersetzung zugrunde liegenden Roman des A nicht von Ü erworben. Insbesondere gibt es keinen gutgläubigen Erwerb.
> **3. gegen P**
> Schließlich verletzt auch P das Bearbeitungsrecht des A und ist diesem zur Unterlassung verpflichtet.

II. Ansprüche des Ü

1. gegen A und X

Ü steht zwar ein Bearbeiterurheberrecht an seiner Übersetzung zu, nicht aber an dem zugrunde liegenden Originalroman. Diesen kann der A deshalb ohne Beteiligung des Ü in Verlag geben. Ü hat deshalb keine Ansprüche gegen A oder X.

2. gegen P

P verletzt aber das Bearbeiterurheberrecht des Ü. Ü kann deshalb (unabhängig von A) den P auf Unterlassung in Anspruch nehmen.

c) Freie Benutzung (§ 24 Abs. 1 UrhG). Die Bearbeitung ist abzugrenzen von der freien Benutzung, denn diese ist grundsätzlich (Ausnahme: § 24 Abs. 2 UrhG) ohne Einwilligung des Originalurhebers möglich (§ 24 Abs. 1 UrhG). Da auch in der freien Benutzung das benutzte Werk erkennbar bleibt (anderenfalls fehlte es bereits an einer Umgestaltung, s. Rn. 101), ist die Abgrenzung nicht leicht. Im Gegensatz zur Bearbeitung verblassen bei der freien Benutzung die entlehnten eigenpersönlichen Züge des Originalwerkes (BGH GRUR 1994, 191, 193 – Asterix-Persiflagen m.w.N.). Dessen Individualität tritt stark in den Hintergrund. Der Urheber holt sich also lediglich erkennbare Anregungen zu neuem, selbständigem Werkschaffen.   **108**

Die freie Benutzung der Melodie eines Musikwerkes schließt § 24 Abs. 2 UrhG dagegen aus, sog. **„starrer Melodienschutz"**. Die Melodie eines Musikwerkes ist dabei eine in sich geschlossene und geordnete Tonfolge, in der sich der individuelle ästhetische Gehalt ausdrückt (BGH GRUR 1988, 810, 811 – Fantasy), also beispielsweise das Motiv oder Thema. Die aus der klassischen Musik bekannten Variationen über ein fremdes Thema wären heute – unter Geltung des § 24 Abs. 2 UrhG – unzulässig (*Schack*, Rn. 277).   **109**

Die Abgrenzung bereitet auch in der Klausur sehr große Schwierigkeiten. Nutzen Sie alle (!) Sachverhaltsinformationen zu diesem Punkt aus.

Die **Parodie** eines Werkes kann eine freie Benutzung sein. Die in der Parodie liegende Meinungsäußerung ist durch Art. 5 Abs. 1 GG geschützt und verlangt – mangels Vorliegen sonstiger Schrankenregelungen – eine weite Auslegung des § 24 Abs. 1 UrhG. Dazu muss sich die Parodie aber auf das Werk und dessen Inhalt selbst beziehen, sich mit diesem auseinander setzen. Durch die antithematische Auseinandersetzung mit dem Original wird der für die freie Benutzung notwendige „innere Abstand" hergestellt (BGH GRUR 2003, 956 –   **110**

Gies-Adler). Die bloße Verwendung eines Werkes zur Parodie oder Kritik von etwas Werkfremden (auch des Urhebers!) unterfällt dagegen nicht § 24 Abs. 1 UrhG (s. OLG München, ZUM 1991, 432 – Gaby wartet im Park).

111

> **Beispiel:**
> K zeigt in seiner wöchentlichen Fernsehsendung Ausschnitte aus anderen Sendungen der vergangenen Woche und kommentiert und parodiert diese. Nach BGH GRUR 2000, 703 – Mattscheibe – ist dies eine freie Benutzung. Gegenteilig hat der BGH in der Sache „TV-Total" (GRUR 2008, 693) entschieden, da hier die Szenen lediglich an- und abmoderiert, jedoch in keiner Weise kritisiert, parodiert oder karikiert wurden.

V. Entstehung des Urheberrechts

112 Unmittelbar mit der Schöpfung eines den vorgenannten Anforderungen entsprechenden Werkes entsteht kraft Gesetzes das Urheberrecht. Die Schöpfung ist ein Realakt und bedarf deshalb keines darauf gerichteten Willens, so dass es auf die Geschäftsfähigkeit des Urhebers nicht ankommt (Wandtke/Bullinger/ *Thum*, § 7 Rn. 3). Auch eine Gesetzes- oder Sittenwidrigkeit des Werkes (beispielsweise wegen dessen jugendgefährdenden Inhalts) steht ggf. dessen Verwertung (s. § 15 JuSchG), nicht aber der Entstehung eines Urheberrechts entgegen (BGH GRUR 1995, 673, 675 – Mauer-Bilder).

113 Das Urheberrecht entsteht ohne jegliche Formalitäten im Zeitpunkt der Werkschöpfung (s. Art. 5 Abs. 2 S. 1 RBÜ). Insbes. ist weder eine Anmeldung oder Eintragung in ein öffentliches Register – wie dies regelmäßig bei den gewerblichen Schutzrechten der Fall ist – noch eine Kennzeichnung (wie der immer noch oft anzutreffende, durch das US-Recht initiierte Copyrightvermerk – ©) notwendig.

114 Urheberrechtsschutz genießen nicht nur fertige Werke, sondern auch Werkteile, Entwürfe, Vorarbeiten, sofern diese für sich genommen bereits die Anforderungen des § 2 Abs. 2 UrhG erfüllen. Auch das das absichtsvoll (noch) nicht vollendete Werk (sog. *„work in progress"*) ist schutzfähig (Wandtke/Bullinger/ *Thum*, § 7 Rn. 4).

Für die Entstehung eines Urheberrechts ist es notwendig, dass das Geisteswerk **115** des Urhebers in die Außenwelt getreten ist. Die bloße Vorstellung von einem Werk ist nicht schutzfähig (s. Rn. 34). Vielmehr muss das Werk Gestalt angenommen haben. Dazu bedarf es aber keiner materiellen Verkörperung in einem Gegenstand. Auch die gesprochene Rede und die zu Gehör gebrachte Improvisation haben in der Außenwelt Gestalt angenommen.

Aus dem Vorgenannten ergibt sich schließlich, dass zur Entstehung eines **116** Urheberrechts das Werk weder veröffentlicht werden noch erscheinen muss. Veröffentlichung und Erscheinen (§ 6 UrhG) haben lediglich Einfluss auf den Umfang mancher urheberrechtlicher Befugnisse und Schranken (näher u. Rn. 122 ff.).

VI. Dauer des Urheberrechts

1. Grundsatz (§ 64 UrhG). Das Urheberrecht an einem Werk erlischt 70 Jahre **117** nach dem Tode des Urhebers (= post mortem auctoris, p.m.a., § 64 UrhG). Das Werk wird in diesem Moment gemeinfrei. Jedermann kann es beliebig nutzen, verwerten, verunstalten (s. auch Rn. 177).

Die Schutzdauer ist das Ergebnis einer historischen Entwicklung von zunächst **118** 14 Jahren ab Veröffentlichung (zuzüglich einer einmaligen Verlängerungsmöglichkeit um weitere 14 Jahre) nach dem britischen Statute of Anne von 1710, dem ersten modernen Urheberrechtsgesetz, über 30 Jahre p.m.a. im preußischen UrhG von 1837 sowie im LUG von 1901 und im KUG von 1907 und über die Verlängerung auf 50 Jahre im Jahre 1934 bis zur heute aufgrund der Richtlinie 93/98/EWG zur Harmonisierung der Schutzdauer des Urheberrechts und bestimmter verwandter Schutzrechte gemeinschaftsweit geltenden 70 Jahre p.m.a (Überblick über die Entwicklung der Schutzdauer bei *Schack*, Rn. 516 f.). Hinter dieser stetigen Verlängerung stand das Streben, mindestens die dem Urheber nachfolgende Generation ein Leben lang an den Früchten der Schöpfung teilhaben zu lassen (s. Erwägungsgrund 5 der Richtlinie 93/98/EWG). Nachteil dieser langen Schutzdauer ist aber, dass häufig die Rechteinhaber nicht mehr auszumachen sind und deshalb Werke über einen langen Zeitraum legal nicht mehr zu verwerten sind. Man spricht in diesem Zusammenhang von „verwaisten Werken" oder *„orphan works"* (*Schack*, Rn. 518).

119   **2. Miturheber und Filmwerke (§ 65 UrhG).** Das Urheberrecht eines in Miturheberschaft (§ 8 UrhG, s. Rn. 137 ff.) geschaffenen Werkes erlischt erst 70 Jahre nach dem Tode des längstlebenden Miturhebers, § 65 Abs. 1 UrhG. Bei Filmwerken (§ 2 Abs. 1 Nr. 6 UrhG) ist unabhängig von der tatsächlichen Miturheberschaft (*Dreier*/Schulze, § 65 Rn. 5; s. dazu Rn. 144–146) maßgeblich der Längstlebende aus dem Kreis des Hauptregisseurs, des Drehbuchautors, des Dialogautors und des Filmmusikkomponisten, § 65 Abs. 2 UrhG. Diese auf Gemeinschaftsrecht basierende Regelung passt mit dem deutschen Verständnis von Miturheberschaft nicht zusammen (*Schack*, Rn. 522), weil nur der Hauptregisseur sicher Urheber des Filmwerkes ist, der Filmmusikkomponist dagegen in aller Regel nicht (s. dazu Rn. 144–146).

120   **3. Anonyme und pseudonyme Werke (§ 66 UrhG).** Da bei anonymen (Urheber wird nicht offenbart) und pseudonymen (Urheber unter anderem Namen) Werken der Urheber nicht ohne weiteres identifizierbar ist, stellt § 66 Abs. 1 S. 1 UrhG an die Stelle dessen Todes den Zeitpunkt der Veröffentlichung (§ 6 Abs. 1 UrhG) des Werkes, bzw., falls es nicht veröffentlicht wird, dessen Schaffung (§ 66 Abs. 1 S. 2 UrhG). Offenbart der Autor während der Zeit des Urheberrechtsschutzes seine Identität oder besteht über sie kein Zweifel, bleibt es bei der allgemeinen Regelung, § 66 Abs. 2 S. 1 UrhG. Das Gleiche gilt, wenn sich der Autor in das beim DPMA geführte (§ 138 Abs. 1 UrhG) Register anonymer und pseudonymer Werke eintragen lässt, § 66 Abs. 2 S. 2 UrhG.

121   **4. Fristenberechnung (§ 69 UrhG).** Im Interesse der Praktikabilität beginnt die Frist mit Ablauf des Todesjahres des Urhebers zu laufen. Werke werden deshalb stets mit Ablauf des 31. Dezember des 70. auf das Todesjahr folgenden Kalenderjahres (= Todesjahr + 70) gemeinfrei.

VII. Veröffentlichte und erschienene Werke (§ 6 UrhG)

122   Für die Entstehung des Urheberrechts ist es unerheblich, ob das Werk veröffentlicht wurde oder erschienen ist (s. o. Rn. 116). Diese beiden Ereignisse haben allerdings Einfluss auf den Umfang einiger urheberrechtlicher Befugnisse und Schranken. So verliert der Urheber mit der Veröffentlichung das Recht der ersten Inhaltsangabe (§ 12 Abs. 2 UrhG) und das Ausstellungsrecht (§ 18 UrhG, Ausnahme: § 44 Abs. 2 UrhG). Umgekehrt ist ein Zitat (§ 51 S. 2 Nr. 1, 2, Nr. 3 UrhG) sowie die öffentliche Wiedergabe (§§ 52 Abs. 1 S. 1, 52a

Abs. 1 UrhG) vor Veröffentlichung generell unzulässig. Ein sog. Musikzitat (§ 51 S. 2 Nr. 3 UrhG) ist sogar nur aus einem erschienenen Musikwerk zulässig. Andererseits gilt für ein erschienenes Werk die Urhebervermutung (§ 10 UrhG). Veröffentlichung und Erscheinen sind deshalb streng auseinander zu halten, wobei das Erscheinen zwangsläufig die Veröffentlichung voraussetzt.

1. Veröffentlichung (§ 6 Abs. 1 UrhG). Ein Werk ist veröffentlicht, wenn es vom Urheber oder mit dessen Zustimmung aus seiner Privatsphäre entlassen und der Öffentlichkeit zugänglich gemacht wurde. Öffentlichkeit ist hier im Interesse des Urhebers enger zu verstehen als in § 15 Abs. 3 UrhG (str., wie hier Schricker/Loewenheim/*Katzenberger*, § 6 Rn. 9 ff. m.w.N.). Es genügt nicht, dass das Werk einer Mehrzahl von Personen, die weder mit dem Veröffentlichenden noch untereinander persönlich verbunden sind, zugänglich gemacht wird (so § 15 Abs. 3 UrhG). Hinzukommen muss, dass der Urheber im konkreten Fall nicht steuern kann, wem die Kenntnisnahme ermöglicht wird (*Schack*, Rn. 263).   **123**

Beispiele: **124**
Aufnahme in eine öffentlich zugängliche Bibliothek; Angebot zum Abruf im Internet (s. § 19a UrhG).

Eine zeitliche (nur für drei Jahre), räumliche (nur für Thüringen) oder inhaltliche (nur für eine Taschenbuchausgabe) Beschränkung der Veröffentlichung ist nicht möglich (*Dreier*/Schulze, § 6 Rn. 9). Die Veröffentlichung ist endgültig und nicht umkehrbar, so dass selbst der Rückerwerb sämtlicher Vervielfältigungsstücke nicht hilft (Schricker/Loewenheim/*Katzenberger*, § 6 Rn. 20).   **125**

2. Erscheinen (§ 6 Abs. 2 UrhG). Das Werk ist erschienen, wenn eine ausreichende Anzahl von Vervielfältigungsstücken (Buch, Musik-CD etc.) hergestellt und der Öffentlichkeit angeboten oder in den Verkehr gebracht worden ist. Das ist der Fall, wenn die Werkverbreitung dem interessierten Publikum ausreichend Gelegenheit zur Kenntnisnahme des Werkes gibt, wobei die genaue Anzahl vom Einzelfall abhängt (BGH GRUR 1981, 360, 362 – Erscheinen von Tonträgern). Unerheblich ist dabei, ob das Werk dem Endverbraucher oder einem Werkmittler (Theater, Orchester, Kinobetreiber) angeboten wird und ob eine Veräußerung oder lediglich eine Vermietung bzw. ein Verleih angestrebt wird (Schricker/Loewenheim/*Katzenberger*, § 6 Rn. 36 f.).   **126**

127

Beispiele:
- Beginn der Filmauswertung mit acht Filmkopien (BGH GRUR Int. 1973, 49 – Goldrausch)
- 50 Tonträger bei Bemusterung von Rundfunkanstalten (BGH GRUR 1981, 360 – Erscheinen von Tonträgern)

128   Ein Werk der bildenden Kunst erscheint bereits dann, wenn das Original oder ein Vervielfältigungsstück der Öffentlichkeit dauerhaft zugänglich ist, § 6 Abs. 2 S. 2 UrhG.

129

Beispiel:
Die an einem öffentlichen Platz oder in einem Museum bleibend aufgestellte Skulptur ist erschienen, ohne dass von ihr noch Vervielfältigungsstücke angefertigt werden müssten.

130   Schwierigkeiten bereitet das Angebot eines Werkes ausschließlich auf elektronischem Wege, d. h. zum Download (sog. Online-Publikation). Unstreitig liegt darin zwar eine Veröffentlichung (§ 6 Abs. 1 UrhG), doch setzt das Erscheinen nach dem Wortlaut des § 6 Abs. 2 S. 1 UrhG voraus, dass zuvor eine ausreichende Anzahl von Vervielfältigungsstücken hergestellt worden ist. Beim Download findet die Vervielfältigung indes erst danach und durch die einzelnen Nutzer statt. In analoger Anwendung des § 6 Abs. 2 UrhG sollte auch ein im Internet dauerhaft zugänglich gemachtes Werk als erschienen gelten (näher *Dreier*/Schulze, § 6 Rn. 16).

3. Kapitel   Der Urheber

I.   Das Schöpferprinzip (§ 7 UrhG)

1. Grundsatz. Urheber ist der Schöpfer des Werkes, § 7 UrhG. Das ist stets **131** die natürliche Person, die das urheberrechtsschutzfähige Werk geschaffen hat. Hier zeigt sich erneut, dass Urheber nach der deutschen Konzeption nur eine natürliche Person sein kann. Juristische Personen können niemals Urheber sein, sondern lediglich Nutzungsrechte vom Urheber erwerben (dazu u. Rn. 537 ff.).

2. Urheber im Angestellten-, Dienst- oder Werkvertragsverhältnis. Einige Probleme **132** bereitet es, wenn der Urheber ein Werk im Rahmen eines Angestellten-, Dienst- oder Werkvertragsverhältnisses schafft. Anders als beispielsweise in den USA (sec. 201 Copyright Act: *„work made for hire"*) bleibt es beim Schöpferprinzip (deklaratorisch insoweit § 43 UrhG). Der Arbeit- bzw. Auftraggeber erlangt zunächst keinerlei Rechte an dem in seinem Auftrag geschaffenen Werk, obwohl er typischerweise den Urheber für seine Tätigkeit entlohnt und damit seinerseits ein Interesse an der Verwertung des auftragsgemäß geschaffenen Werkes hat.

Denkbar ist dies zunächst in Form einer gesetzlich angeordneten Rechtseinräu- **133** mung (sog. *cessio legis*). Diesen Weg beschreitet das deutsche Urheberrecht indes nur bei Computerprogrammen, bei denen § 69b UrhG vorbehaltlich einer abweichenden vertraglichen Vereinbarung ausschließlich dem Arbeitgeber die vermögensrechtlichen (nicht die urheberpersönlichkeitsrechtlichen!) Befugnisse zuweist.

Bei allen anderen Werkarten bedarf es dagegen einer vertraglichen Vereinba- **134** rung. Zwar kann diese auch konkludent erfolgen und wird sich häufig durch Auslegung dem zugrunde liegenden Arbeits-, Dienst- oder Werkvertrag entnehmen lassen. Doch muss die Voraussetzungen in jedem Einzelfall der Arbeitgeber, Dienstherr oder Auftraggeber darlegen und beweisen. Zudem unterliegen Verträge über die Einräumung von Nutzungsrechten einigen gesetzlichen Beschränkungen (näher dazu Rn. 542 ff.).

135

> **Beispiel (nach BGH GRUR 2011, 59 – Lärmschutzwand):**
> Ein beim Niedersächsischen Landesamt für Straßenbau beamteter Architekt A entwarf für seinen Dienstherrn eine Lärmschutzwand, die später entlang der Autobahn A 2 bei Königslutter (Niedersachsen) errichtet wurde. Das Landesamt gab die Pläne an andere Bundesländer weiter, die danach ebenfalls Wände errichteten. A verlangt Schadensersatz. Zu Recht?
> Ein Schadensersatzanspruch nach § 97 Abs. 2 S. 1 UrhG kommt jedenfalls nicht in Betracht, wenn A seinem Dienstherrn das Recht eingeräumt hat, anderen Ländern ebenfalls Nutzungsrechte einzuräumen. Zunächst gilt, dass ein Beamter, der in Erfüllung seiner Dienstpflichten ein Werk geschaffen hat, seinem Dienstherrn stillschweigend sämtliche Nutzungsrechte einräumt, die dieser zur Erfüllung seiner Aufgaben benötigt. Das Landesamt könnte also auch an anderen niedersächsischen Autobahnen Lärmschutzwände nach dem Entwurf des A errichten. Nach Auffassung des BGH hat A seinem Dienstherrn aber nicht das Recht eingeräumt, anderen Bundesländern Unterlizenzen zu gewähren.

136   Aufgrund des Schöpferprinzips ist auch der **Ghostwriter** Urheber des von ihm für einen Dritten verfassten Werkes (Dreier/*Schulze*, § 7 Rn. 5). Lediglich schuldrechtlich verpflichtet er sich diesem gegenüber, urheberrechtliche Ansprüche, insbesondere das Recht auf Anerkennung der Urheberschaft (§ 13 UrhG), nicht geltend zu machen (sog. pactum de non petendo). Eine Ghostwriterabrede ist nicht zwangsläufig sittenwidrig (Beispiel: OLG Frankfurt GRUR 2010, 221).

II.   Miturheber (§ 8 UrhG)

137   An der Entstehung eines Werkes sind nicht selten mehrere Personen beteiligt. Dann ist zu klären, wer von ihnen Urheber ist und in welchem Verhältnis mehrere Urheber zueinander stehen. Das Gesetz unterscheidet dabei zwischen Miturhebern (§ 8 UrhG) und Urhebern verbundener Werke (§ 9 UrhG).

138   **1. Voraussetzungen (§ 8 Abs. 1 UrhG).** Miturheberschaft liegt vor, wenn mehrere ein Werk planvoll gemeinsam geschaffen haben (Rn. 139 ff.) und sich ihre Anteile zum Gesamten nicht gesondert verwerten lassen (Rn. 142 f.).

a) Eigene schöpferische Leistung. Miturheber wird nur derjenige, der eine **139**
eigene schöpferische Leistung im Sinne des § 2 Abs. 2 UrhG zum Gesamtwerk
erbringt (BGH GRUR 1994, 39, 40 – Buchhaltungsprogramm). Hilfstätigkeiten
genügen dafür ebenso wenig wie die bloße Anregung (Idee) zum Werk (Schri-
cker/*Loewenheim*, § 8 Rn. 4).

> **Beispiel:** **140**
> Kein Miturheber ist, wer dem Künstler eine romantische Bucht zeigt und
> diesen zu einem Gemälde anregt (vgl. auch BGH GRUR 1995, 47 – Rosaroter
> Elefant).

Wenn ein solcher eigener schöpferischer Beitrag vorliegt, sind dessen Umfang **141**
im Vergleich zu den anderen Beiträgen und seine Bedeutung für das Gesamtwerk unerheblich. Gleiches gilt für den Zeitpunkt, zu dem der Beitrag erbracht
wird. Dies muss nicht notwendig zugleich mit den anderen geschehen, sondern kann diesen auch vorausgehen oder nachfolgen, solange noch von einer
planvoll *gemeinsamen* schöpferischen Tätigkeit gesprochen werden kann (BGH
GRUR 1994, 39, 40 – Buchhaltungsprogramm). Dazu muss jeder Beteiligte seinen (schöpferischen) Beitrag in Unterordnung unter die gemeinsame Gesamt-
tidee erbringen (BGH GRUR 2005, 860, 863 – Fash 2000). Wer ein bereits bestehendes Werk weiterführt (vollendet), nimmt eine Bearbeitung vor, an der er
ein Bearbeiterurheberrecht (§ 3 UrhG) erwirbt. Er wird dagegen nicht zum
Miturheber des Ausgangswerkes (näher *Schack*, Rn. 324 f.).

b) Keine gesonderte Verwertbarkeit. Die Beiträge dürfen sich nicht gesondert **142**
verwerten lassen. Dies ist nicht der Fall, wenn der Anteil selbstständig verkehrs-
fähig ist, weil er sich aus dem gemeinschaftlichen Werk herauslösen lässt, ohne
dadurch unvollständig oder ergänzungsbedürftig zu werden (BGH GRUR
2009, 1046, Rn. 39 – Kranhäuser). Maßgeblich ist nicht die (häufig gegebene)
Unterscheidbarkeit der einzelnen Beiträge, sondern die Unmöglichkeit der ge-
trennten Verwertung.

Als (grobe) Faustregel kann gelten, dass Miturheberschaft meist nur innerhalb **143**
einer Werkart vorliegt, während beim Zusammentreffen verschiedener Werkarten eher von verbundenen Werken auszugehen ist (*Schack*, Rn. 316).

c) Beispiele. Typische Miturheberwerke sind Filmwerke. Klärungsbedürftig ist **144**
aber, wer von den vielen Mitwirkenden auch Miturheber des Filmwerks ist. Jedenfalls sind im Regelfall Regisseur (BGH GRUR 2001, 826, 827 – Barfuß im
Bett) und Kameramann Filmurheber. Aber auch Drehbuchautor und Cutter

können Urheber des Filmwerks sein (vgl. Dreier/*Schulze*, vor § 88 Rn. 9; str.). § 65 Abs, 2 UrhG, der bei der Filmerstellung Tätige nennt, betrifft nur die Schutzfristenberechnung und sagt nichts über die Urheberstellung aus. Hinsichtlich der weiteren Beteiligten ist es eine Frage des Einzelfalles, ob ihr Beitrag zum Filmwerk schöpferisch im Sinne des § 2 Abs. 2 UrhG und nicht selbständig verwertbar ist (§ 8 Abs. 1 UrhG) und dadurch Miturheberschaft begründet.

145 Miturheber sind neben dem Regisseur meist der Kameramann und der Cutter, teilweise auch Beleuchter und Tonmeister (Schricker/Loewenheim/*Katzenberger*, Vor §§ 88 ff. Rn. 61), nicht aber die Schauspieler, sofern sie nicht ausnahmsweise einen über ihre darstellerische Leistung hinaus gehenden prägenden Einfluss auf das Filmwerk nehmen (Dreier/*Schulze*, § 89 Rn. 18). Ihnen kommt aber ein eigenes Leistungsschutzrecht (§ 73 UrhG, s. Rn. 463 ff.) zu.

146 Der Filmhersteller (Produzent) ist in aller Regel ebenfalls kein Miturheber (Dreier/*Schulze*, § 89 Rn. 19). Ihm gewährt § 94 UrhG ein eigenes Leistungsschutzrecht. Das ist konsequent und für sich genommen unproblematisch. Die Schwierigkeit liegt an anderer Stelle: Der Filmhersteller ist es, der die zur Produktion des Filmes notwendigen Mittel (nicht zuletzt insb. die Honorare für die Schauspieler) aufbringt und meist das gesamte wirtschaftliche Risiko allein trägt. Zur Auswertung des Films bedarf er aber aller dafür erforderlichen Rechte (insb. Vervielfältigungs- und Verbreitungsrecht) der Urheber und Leistungsschutzberechtigten. Während andere Rechtsordnungen hier die Urheberschaft des Filmherstellers fingieren oder zumindest eine *cessio legis* anordnen (§ 38 öst. UrhG), kennt das UrhG lediglich (widerlegliche) Vermutungen über die **vertragliche Rechtseinräumung** (§§ 88, 89 UrhG). Der Filmhersteller ist also gut beraten, bereits vor Beginn der Dreharbeiten die notwendigen Nutzungsrechte (ggf. antizipiert) ausdrücklich zu erwerben.

147 **2. Rechtsfolgen.** Die Miturheber schaffen *ein* Werk, für das *ein* Urheberrecht entsteht, an dem sie gemeinsam beteiligt sind. § 8 Abs. 2 S. 1 Halbs. 1 UrhG weist das Veröffentlichungsrecht und die Verwertungsrechte den Miturhebern „zur gesamten Hand" zu. Es entsteht kraft Gesetzes eine urheberrechtlich modifizierte Gesamthandsgemeinschaft (Wandtke/Bullinger/*Thum*, § 8 Rn. 21). Soweit das UrhG keine Sonderregelungen trifft und die Interessenlage nicht entgegensteht, finden darauf die Vorschriften der BGB-Gesellschaft (§§ 705 ff. BGB) entsprechende Anwendung (Schricker/*Loewenheim*, § 8 Rn. 11). Über die Veröffentlichung und die Verwertung ihres Werkes können die Miturheber deshalb nur einstimmig entscheiden (§§ 709 Abs. 1, 714 BGB; Ausnahme: Notverwaltungsmaßnahmen, § 744 Abs. 2 BGB), wobei sie sich bei entsprechender Vereinbarung gegenseitig vertreten können (§ 714 BGB i.V.m. §§ 164 ff. BGB). Sie können ferner vereinbaren, dass statt Einstimmigkeit mit der Mehrheit der Stimmen entschieden wird (§ 709 Abs. 2 BGB).

Ansprüche wegen der Verletzung des Urheberrechts (insb. Unterlassung und **148** Beseitigung sowie Schadensersatz, § 97 UrhG) darf jeder Miturheber selbst und in eigenem Namen durchsetzen, § 8 Abs. 2 S. 3 Halbs. 1 UrhG. Soweit er Schadensersatz geltend macht, darf er jedoch nicht Leistung an sich, sondern muss Leistung an alle Urheber verlangen, § 8 Abs. 2 S. 3 Halbs. 2 UrhG. Damit wird sichergestellt, dass die Leistung alle Miturheber erreicht. Hinsichtlich der urheberpersönlichkeitsrechtlichen Befugnisse (Urheberbenennung etc.), mit Ausnahme des von § 8 Abs. 2 S. 1 Halbs. 1 UrhG umfassten Veröffentlichungsrechts, handelt jeder Miturheber für sich selbst. Eine Werkänderung ist freilich wegen ihres zwangsläufigen Eingriffs in die urheberrechtlichen Befugnisse der Miturheber einwilligungsbedürftig (§ 8 Abs. 2 S. 1 Halbs. 2 UrhG). Um die Verwertung eines Werkes nicht am unberechtigten Widerstand eines Miturhebers scheitern zu lassen, darf jeder Miturheber seine Einwilligung nicht wider Treu und Glauben verweigern (§ 8 Abs. 2 S. 2 UrhG).

Ohne abweichende Vereinbarung werden die **Erträgnisse aus der Nutzung des** **149** **Werkes** (insb. Lizenzzahlungen) unter den Miturhebern im Umfang ihrer Beteilung am Werk verteilt, § 8 Abs. 3 UrhG, wobei im Zweifel von gleichen Anteilen auszugehen ist (§ 742 BGB). Aufgrund der grundsätzlichen Unübertragbarkeit des Urheberrechts (§ 29 UrhG) kann ein Miturheber seinen „Anteil" am Urheberrecht, genauer: seinen Anteil an der das Urheberrecht umfassenden Gesamthandsgemeinschaft, nicht übertragen (Schricker/*Loewenheim*, § 8 Rn. 12). Möglich ist lediglich ein Verzicht auf die *Verwertungsrechte (§ 15 UrhG)*, mit dessen Erklärung sein Anteil den verbleibenden Miturhebern im Verhältnis deren bisheriger Beteiligung (§ 743 BGB analog) zuwächst, § 8 Abs. 4 UrhG. Hinsichtlich der *urheberpersönlichkeitsrechtlichen Befugnisse* sowie der Verwertungsrechte für unbekannte Nutzungsarten (§ 31a UrhG) ist ein (dinglich wirkender) Verzicht dagegen nicht möglich (*Schack*, Rn. 321). In Betracht kommt insoweit lediglich eine schuldrechtliche Verpflichtung, keine Ansprüche gegen die Miturheber oder Dritte zu richten (Rn. 583). Jeder Miturheber bleibt deshalb bis zum Erlöschen des Urheberrechts (70 Jahre nach dem Tode des längstlebenden Miturhebers, § 65 Abs. 1 UrhG) an der Miturhebergemeinschaft beteiligt. Erst danach ist eine Liquidierung in Form der Auseinandersetzung nach §§ 730 ff. BGB möglich.

III. Urheber verbundener Werke (§ 9 UrhG)

150 Die Urheber selbständiger Werke können vereinbaren, ihre Werke zur gemeinsamen Verwertung zu verbinden.

151 **Beispiel:**
Texter T schreibt zu einer Melodie des Komponisten K einen Text.

152 Text und Melodie sind selbständige Werke, da sie auch getrennt voneinander verwertet werden können. Deren Verbindung zu einem Lied ändert daran nichts. Insbesondere werden T und K dadurch nicht zu Miturhebern des Liedes, sondern sind und bleiben Urheber verbundener Werke. Ihr Urheberrecht erstreckt sich ausschließlich auf das jeweils von ihnen geschaffene Werk (Text oder Melodie). Abgesehen von möglichen vertraglichen Bindungen bleiben die Urheber verbundener Werke frei in der weiteren Verwertung ihrer jeweiligen Werke.

153 **Beispiel:**
T lässt seinen Text auch von C vertonen; K überlässt seine Melodie dem Librettisten L.

154 Der Werkverbindung liegt regelmäßig ein Vertrag der Urheber zugrunde, da anderenfalls eine Verwertung der Werkverbindung wegen des damit zwangsläufig verbundenen Eingriffs in die Urheberrechte der Urheber der anderen Werke nicht möglich wäre. Davon geht auch § 9 UrhG aus. Insbesondere ergibt sich aus § 9 UrhG kein Anspruch gegen den Urheber, dessen Werk ungefragt für eine Werkverbindung genutzt wurde (Wandtke/Bullinger/*Thum*, § 9 Rn. 4). Nur wenn die vertragliche Vereinbarung über die Werkverbindung hinsichtlich der Veröffentlichung, Verwertung und Änderung unvollständig ist, gibt § 9 UrhG einen Anspruch auf Einwilligung, wenn dies den anderen Urhebern nach Treu und Glauben zumutbar ist.

IV. Vermutung der Urheber- oder Rechtsinhaberschaft (§ 10 UrhG)

155 **1. Vermutung der Urheberschaft (§ 10 Abs. 1, 2 UrhG).** Um dem Urheber die Rechtsdurchsetzung zu erleichtern, enthält § 10 Abs. 1 UrhG eine Vermutung über die Urheberschaft. Es handelt sich um eine gesetzliche Vermutung im Sinne des § 292 ZPO, zu deren Widerlegung der Vollbeweis des Gegenteils notwendig ist (Schricker/*Loewenheim*, § 10 Rn. 1).

Beispiel: **156**
K ist als Urheber bezeichnet und verlangt von B Schadensersatz wegen Urheberrechtsverletzung (§ 97 Abs. 1 S. 1 UrhG). Nach allgemeinen Regeln müsste K als Anspruchsteller alle anspruchsbegründenden Umstände – hier u.a. seine Urheberschaft – darlegen und beweisen. Gelingt ihm das nicht, geht der Prozess verloren. § 10 Abs. 1 UrhG entbindet ihn davon, seine Urheberschaft beweisen zu müssen, so dass nunmehr B darlegen und beweisen muss, dass K *nicht* Urheber ist.

Die Vermutung greift, wenn der Urheber auf den Vervielfältigungsstücken   **157**
eines erschienen (§ 6 Abs. 2 UrhG) Werkes oder dem Original eines Werkes der bildenden Künste in der üblichen Weise bezeichnet ist.

Beispiele: **158**
Künstlersignatur eines Gemäldes oder einer Skulptur; Autorenangabe auf dem Deckblatt eines Romans; Nennung des Komponisten auf dem Notenblatt.

Bis zum Beweis des Gegenteils wird vermutet, dass die als Urheber bezeichnete   **159**
Person (bekanntes Pseudonym oder Künstlerzeichen genügt) Urheber ist. Die Vermutung gilt auch gegenüber Miturhebern (BGH GRUR 2009, 1046, Rn. 25 – Kranhäuser). Dagegen besagt die Urheberschaftsvermutung weder etwas über den Zeitpunkt der Schöpfung des Werkes noch über dessen urheberrechtliche Schutzfähigkeit (s. BGH GRUR 1998, 376, 378 – Coverversion).

Im Geschmacksmusterrecht reicht die Vermutung des § 39 GeschmMG weiter (näher u. Rn. 653).

Auf die materielle Rechtslage hat die Vermutung der Urheberschaft keinen Einfluss.   **160**
Insbesondere bewirkt sie nicht, dass von einem nur vermuteten Scheinurheber Nutzungsrechte erworben werden können. Ein gutgläubiger Erwerb von Nutzungsrechten ist im UrhG nicht vorgesehen (*Schricker/Loewenheim*, Vor § 28 Rn. 102).

Bei einem anonymen oder nur mit einem unbekannten Pseudonym gekenn-   **161**
zeichneten Werk gilt die als Herausgeber bezeichnete Person, anderenfalls der

Verleger, als ermächtigt, die Rechte des Urhebers im Wege der Prozessstandschaft in eigenem Namen geltend zu machen, § 10 Abs. 2 UrhG. Damit muss auch im Falle eines Rechtsstreits der Urheber seine Anonymität nicht aufgeben, sondern kann den Herausgeber oder Verleger für sich prozessieren lassen.

162   **2. Vermutung der Rechtsinhaberschaft (§ 10 Abs. 3 UrhG).** Seit 1.9.2008 wird außerdem zugunsten der als Inhaber eines ausschließlichen Nutzungsrechts bezeichneten Person (das kann im Gegensatz zum Urheber auch eine juristische Person sein) vermutet, dass sie Inhaberin eines solchen Rechts ist, § 10 Abs. 3 S. 1 UrhG. Bislang musste der klagende ausschließliche Lizenznehmer seine Rechtekette bis zum Urheber nachweisen, was in der Praxis häufig erhebliche Probleme bereitete.

163   Die Vermutung nach § 10 Abs. 3 S. 1 UrhG ist im Vergleich zur Urheberschaftsvermutung eingeschränkt, indem sie nur im Verfahren des einstweiligen Rechtsschutzes (s. Rn. 511 ff.) sowie zur Geltendmachung von Unterlassungsansprüchen gilt.

164   **Beispiel:**
L ist Inhaber einer ausschließlichen Lizenz an einem Roman des U. Er verlangt von V Schadensersatz wegen Urheberrechtsverletzung. V bestreitet, dass L Lizenznehmer und U Urheber ist, obwohl beide in üblicher Weise auf den Büchern bezeichnet sind. – L kann sich nicht auf § 10 Abs. 3 UrhG berufen, sondern muss darlegen und beweisen, dass er von U ein ausschließliches Nutzungsrecht erworben hat. In Bezug auf die Urheberschaft des U kann sich dagegen auch L auf § 10 Abs. 1 UrhG berufen, muss diesen Umstand also nicht beweisen.

165   Die Vermutung des § 10 Abs. 3 S. 1 UrhG gilt nicht gegenüber dem Urheber (§ 10 Abs. 3 S. 2 UrhG).

166   **Beispiele:**
L aus dem vorangegangen Beispiel nimmt den U wegen Verletzung seines ausschließlichen Nutzungsrechts in Anspruch. Wenn U die Einräumung eines solchen Rechts an L bestreitet, muss dieser vollen Beweis erbringen.

167   **3. Sinngemäße Anwendung auf die Leistungsschutzberechtigten.** Die Urheberschaftsvermutung (§ 10 Abs. 1 UrhG) gilt kraft Verweisung (Bsp.: § 74 Abs. 3 UrhG) sinngemäß für die Inhaber von Leistungsschutzrechten.

4. Kapitel   Inhalt des Urheberrechts

I. Überblick

Das Urheberrecht schützt den Urheber in seinen geistigen und persönlichen **168** Beziehungen zum Werk und in der Nutzung des Werkes, § 11 S. 1 UrhG. In dieser Formulierung kommt deutlich zum Ausdruck, dass das subjektive Urheberrecht sowohl urheberpersönlichkeitsrechtliche Befugnisse (nachfolgend II. Rn. 172 ff.) als auch Verwertungsrechte (nachfolgend III., Rn. 220 ff.) umfasst.

In den §§ 12–24 UrhG finden sich einzelne Rechte. Es handelt sich dabei wie **169** bei dem Werkartenkatalog des § 2 Abs. 2 UrhG nur um eine nicht abschließende Aufzählung. Ähnlich wie das Sacheigentum verleiht das Urheberrecht seinem Inhaber grundsätzlich eine umfassende Rechtsmacht in Bezug auf das Werk. Neue Nutzungsarten (s. dazu Rn. 554) stehen deshalb automatisch dem Urheber zu, ohne dass es hierfür einer Gesetzesänderung bedarf (*Schack*, Rn. 341).

> **Beispiel:** **170**
> Das Recht der öffentlichen Zugänglichmachung (§ 19a UrhG, näher Rn. 318 ff.) war vor seiner ausdrücklichen Kodifikation 2003 ein unbenannter Fall des Rechts der öffentlichen Wiedergabe (§ 15 Abs. 2 UrhG).

Das Urheberrecht gewährt grundsätzlich Ausschließlichkeitsrechte, d. h. Ab- **171** wehrrechte gegen rechtswidrige Eingriffe. Der Urheber kann im Falle ihrer Verletzung Unterlassung und Beseitigung sowie ggf. Schadensersatz verlangen (§ 97 UrhG, s. Rn. 503 ff.). Soweit diese Abwehransprüche aus übergeordneten Interessen eingeschränkt sind, der Urheber also Eingriffe in sein Ausschließlichkeitsrecht hinnehmen muss, gewährt ihm das UrhG in aller Regel zumindest Vergütungsansprüche (s. Rn 348 ff.).

> Oft verletzt ein Verhalten mehrere urheberrechtliche Befugnisse. Beispiel: Eine Musik-CD wird im Internet zugänglich gemacht (§ 19a UrhG). Hiermit ist typischerweise auch eine Vervielfältigung verbunden (§ 16 UrhG). In der Klausur sind alle in Betracht kommenden urheberrechtlichen Befugnisse zu untersuchen.

II. Das Urheberpersönlichkeitsrecht

172   **1. Begriff und Entwicklung.** Das Urheberpersönlichkeitsrecht schützt den Urheber in seinen **geistigen und persönlichen Beziehungen** zu seinem Werk (§ 11 S. 1 Halbs. 1 UrhG). Schutzgegenstand ist also weder das Werk noch der Urheber für sich, sondern das „geistige Band" (*Schack*, Rn. 353) zwischen Urheber und Werk. Eine Handlung, die diese Beziehung nicht berührt, greift nicht in das Urheberpersönlichkeitsrecht ein. Möglich ist in diesem Fällen eine Verletzung des allgemeinen Persönlichkeitsrechts des Urhebers.

173   **Beispiele:**
- Kunstkritiker K übt verächtliche Schmähkritik an den künstlerischen Fähigkeiten des U
- F versieht ein eigenes Bild mit der Signatur des U.

In beiden Fällen ist ausschließlich das allgemeine Persönlichkeitsrecht des U betroffen. Seine Beziehung zum Werk wird durch die Kritik an seinen Fähigkeiten ebenso wenig beeinträchtigt wie durch das Unterschieben eines fremden Werkes (zum sog. *droit de paternité* s. Rn. 187).

174   **Das Urheberpersönlichkeitsrecht ist aber mitnichten nur ein Ausschnitt aus dem allgemeinen Persönlichkeitsrecht.** So mag die Entstellung eines Werkes (§ 14 UrhG) zwar eine Verletzung des Urheberpersönlichkeitsrechts sein, eine solche des allgemeinen Persönlichkeitsrechts des Urhebers ist sie jedoch nur im Ausnahmefall. Während hier die Person im Vordergrund steht, ist es dort deren Beziehung zum Werk. Dies vor Augen erklärt sich zumindest teilweise die teils völlig unterschiedliche Behandlung der beiden Persönlichkeitsrechte im Falle des Todes des Urhebers: Das Urheberpersönlichkeitsrecht wird zusammen mit den Verwertungsrechten vererbt (§ 30 UrhG) und erlischt im Regelfall 70 Jahre nach dem Tode des Urhebers (§ 64 UrhG). Das allgemeine Persönlichkeitsrecht hingegen wird nach dem Tode als sog. postmortales Persönlichkeitsrecht von den nächsten Angehörigen und damit nicht zwingend von den Erben ausgeübt und erlischt je nach Bekanntheit des Verstorbenen früher oder später (BGH GRUR 1995, 668 – Emil Nolde; die Zehn-Jahres-Grenze bei BGH GRUR 2007, 168 – kinski-klaus.de betrifft nur die vermögensrechtlichen Befugnisse des postmortalen Persönlichkeitsrechts).

175   Das Urheberpersönlichkeitsrecht wurde bereits vor langer Zeit (s. RGZ 12, 50, 51 aus dem Jahre 1884) anerkannt und eingesetzt, um beispielsweise damit

eine eigenmächtige Veränderung eines Freskos im Treppenhaus eines Wohn-
gebäudes rückgängig zu machen (RGZ 79, 397 – Felseneiland mit Sirenen;
näher Rn. 205).

Das Urheberpersönlichkeitsrecht ist **untrennbar mit den Verwertungsrechten**   **176**
des Urhebers verbunden und bildet gemeinsam mit diesen das (subjektive) Urheberrecht (sog. monistische Theorie; Schricker/*Loewenheim*, § 11 Rn. 3).
Ohnehin ist eine trennscharfe Unterscheidung im Einzelfall oft nicht möglich,
weil viele Handlungen (in unterschiedlicher Intensität) beide Aspekte betreffen
(*Schack*, Rn. 356).

Aufgrund der monistischen Theorie entspricht die **Schutzdauer des Urheber-**   **177**
persönlichkeitsrechts der der Verwertungsrechte. Für beide gelten einheitlich
die §§ 64–69 UrhG (s. Rn. 117 ff.). Mit Ablauf der Schutzfrist erlischt das Urheberpersönlichkeitsrecht vollständig. Gemeinfreie Werke können deshalb beliebig genutzt, verändert oder auch verunstaltet werden. Manche ausländische
Rechtsordnungen (z. B. Frankreich) kennen dagegen ein ewiges *„droit moral"*
zum dauerhaften Schutz des Werkes vor Entstellungen (näher Schricker/
Loewenheim/*Dietz/Peukert*, Vor §§ 12 ff. Rn. 33 ff. m.w.N.).

2. Einzelne urheberpersönlichkeitsrechtliche Befugnisse. – a) Veröffent-   **178**
lichungsrecht (§ 12 UrhG). Allein der Urheber hat es in der Hand, zu entscheiden, ob er sein Werk für sich behalten oder an die Öffentlichkeit geben will und
in welcher Art und Weise dies geschehen soll, § 12 Abs. 1 UrhG. Geschützt ist
nur die erste Veröffentlichung (sog. Erstveröffentlichungsrecht).

Beispiel: **179**
Romanautor A schickt ein Manuskript an den Verleger V, um dessen Interesse an einer Veröffentlichung zu erkunden. V gefällt das Werk so gut, dass
er ohne weitere Rücksprache auf der Buchmesse aus ihm vorlesen lässt.

Ein unveröffentlichtes Werk genießt weitergehenden Schutz. So darf aus ihm   **180**
noch nicht zitiert (§ 51 UrhG, s. dazu Rn. 418) und sein Inhalt noch nicht
öffentlich mitgeteilt werden, § 12 Abs. 2 UrhG (sog. Recht der ersten Inhaltsmitteilung).

Beispiel: **181**
V lässt aus dem Manuskript zwar nicht vorlesen, doch beschreibt er dessen
charakteristische Figuren und deren Handlungen.

182 Das Veröffentlichungsrecht und das Recht der ersten Inhaltsmitteilung erlöschen mit der Veröffentlichung des Werkes. Maßgeblich hierfür ist § 6 Abs. 1 UrhG. Das Werk muss deshalb mit Zustimmung des Berechtigten der Öffentlichkeit zugänglich gemacht worden sein (näher Rn. 123).

183 **Beispiele:**
Imprimatur (Druckfreigabe) auf der Druckfahne eines Sprachwerkes; Abnahme der Nullkopie eines Filmwerkes durch den Regisseur.

184 **b) Anerkennung der Urheberschaft (§ 13 UrhG).** Der Urheber wird in aller Regel mit seinem Werk namentlich in Verbindung gebracht werden, d. h. als dessen Urheber benannt werden wollen. Dieses Interesse schützt das Recht auf Anerkennung der Urheberschaft. Es schützt umgekehrt aber auch ein möglicherweise bestehendes Interesse an Anonymität. Und schließlich kann der Urheber bestimmen, in welcher Art und Weise er als Urheber benannt werden will. § 13 UrhG betrifft also sowohl das „Ob" als auch das „Wie" der Urheberbenennung (Schricker/Loewenheim/*Dietz*/*Peukert*, § 13 Rn. 14).

185 Das Recht auf Anerkennung der Urheberschaft wird verletzt, wenn die Urheberschaft an einem bestimmten Werk nicht oder nicht richtig genannt, bestritten oder von einem Dritten in Anspruch genommen (Anmaßung).

186 **Beispiel:**
Im Museum wird eine Skulptur des U ohne Urheberbezeichnung, eine andere unter unzutreffender Nennung eines Dritten als Urheber und eine weitere unter Verwendung des bürgerlichen Namens des Urhebers, obwohl dieser Wert auf sein Künstlerpseudonym legt, ausgestellt. – In allen Fällen ist § 13 UrhG verletzt.

187 Nicht § 13 UrhG, sondern das allgemeine Persönlichkeitsrecht (§ 823 Abs. 1 BGB) ist betroffen, wenn dem Urheber ein fremdes Werk „untergeschoben" wird (sog. „*droit de non paternité*"). Es fehlt insoweit an einer Verletzung des geistigen Bandes zwischen Urheber und Werk (*Schack*, Rn. 371).

188 **Beispiel:**
P signiert ein von ihm gemaltes Bild mit dem Namenszug des U.

189 Wird dagegen ein Werk des Urhebers gegen dessen Willen mit seiner (zutreffenden) Urheberbezeichnung versehen, so ist § 13 UrhG in Form des Rechts auf Anonymität verletzt.

Ein Verstoß gegen § 13 UrhG löst Unterlassungs- und Beseitigungsansprüche **190** sowie bei Verschulden auch Schadensersatzansprüche aus (§ 97 UrhG). Es kommt sogar eine strafrechtliche Sanktion in Betracht (§ 107 UrhG, s. Rn. 530 ff.). Es besteht aber kein Leistungsanspruch auf Nennung der Urheberschaft.

> **Beispiel:** **191**
> U kann vom Träger des Museum verlangen, dass seine Skulpturen nicht ohne und nicht mit falscher Urheberbezeichnung ausgestellt werden (Unterlassung) und – solange dies nicht geschehen ist – dass sie aus der Ausstellung entfernt werden (Beseitigung). Er kann dagegen nicht unmittelbar darauf klagen, dass die Bilder mit seinem Namen versehen werden (Leistung). Jedoch ist U faktisch zur gewünschten Auszeichnung gezwungen, wenn er die Werke weiter ausstellen will.

Der Urheber kann auf das Recht auf Anerkennung seiner Urheberschaft nicht **192** dinglich verzichten. Denkbar ist aber eine schuldrechtliche Verpflichtung, das Recht nicht geltend zu machen (s. Rn. 583). Von Bedeutung ist dies insbesondere bei der Ghostwriterabrede (s. Rn. 136).

Weitere gesetzliche Ausprägungen des Rechts auf Anerkennung der Urheber- **193** schaft sind die Verpflichtung zur Quellenangabe beim Zitat (§ 63 UrhG) sowie das Änderungsverbot in § 39 Abs. 2 UrhG.

> Ein typischer Fehler ist es, das Unterschieben eines fremden Werkes an § 13 UrhG zu messen. Einschlägig ist § 823 Abs. 1 BGB (allgemeines Persönlichkeitsrecht, s. Rn. 187).

c) Entstellung und Beeinträchtigung des Werkes (§ 14 UrhG). Der Urheber hat **194** das Recht, Entstellungen und andere Beeinträchtigungen seines Werkes zu verbieten, wenn diese geeignet sind, seine berechtigten geistigen oder persönlichen Interessen am Werk zu gefährden, § 14 UrhG. Diese Vorschrift dient der Abwehr von verfälschenden Eingriffen in den geistigen Gehalt des Werkes. Der Urheber kann die Integrität seines Werkes auch dann noch verteidigen, wenn er es veräußert oder Nutzungsrechte an ihm eingeräumt hat (s. § 39 UrhG) oder die Benutzung des Werkes aufgrund von Schrankenregelungen zulässig ist (s. § 62 UrhG). Die Rechtsprechung (BGH GRUR 2008, 984, Rn. 23 – St. Gottfried m.w.N.) hat dies zu einem umfassenden urheberrechtlichen Änderungsverbot ausgebaut.

195 Das Änderungsverbot kann in Konflikt mit den Interessen des Werkeigentümers bzw. des Inhabers eines Nutzungsrechts geraten. So ist dieser möglicherweise auf Änderungen am Werk angewiesen, um es angemessen verwerten zu können. Auch kann der Sacheigentümer grundsätzlich mit seiner Sache so verfahren, wie er möchte (§ 903 BGB). Weder des einen noch des anderen Interesse hat dabei grundsätzlichen Vorrang. Notwendig ist vielmehr eine Abwägung der gegenläufigen Interessen in jedem Einzelfall.

Für die Prüfung der Voraussetzungen des § 14 UrhG empfiehlt sich deshalb ein dreistufiger Aufbau (Schricker/Loewenheim/*Dietz/Peukert*, § 14 Rn. 18 ff.):
1. Liegt eine Entstellung oder andere Beeinträchtigung vor?
2. Ist diese geeignet, ideelle Interessen des Urhebers zu gefährden?
3. Ist das Interesse des Urhebers nach einer Abwägung mit gegenläufigen Interessen Dritter, insb. des Werkeigentümers, berechtigt?

196 **aa) Entstellung oder andere Beeinträchtigung.** Die Entstellung eines Werkes ist eine besonders schwerwiegende Einwirkung, durch die dessen Wesenszüge in gravierender Weise verzerrt oder verfälscht werden (Schricker/Loewenheim/ *Dietz/Peukert*, § 14 Rn. 18 19). Lediglich graduell darunter liegend und damit als gemeinsamer Oberbegriff erfasst die „andere Beeinträchtigung" bereits jede Veränderung des individuellen Gesamteindrucks des Werkes (Dreier/*Schulze*, § 14 Rn. 10). Maßgeblich ist dabei ein objektiver Maßstab und nicht die subjektive Sicht des betroffenen Urhebers (Wandtke/*Bullinger*, § 14 Rn. 5). Gegebenenfalls muss ein Sachverständiger befragt werden.

197 Eine Beeinträchtigung kann sich aus einer Veränderung des Werkes als solchem ergeben.

198 **Beispiele:**
- Teilweises Übermalen eines Freskos (RGZ 79, 397 – Felseneiland mit Sirenen, s. Rn. 205).
- Werkkürzungen (OLG Frankfurt/M. GRUR 1989, 203, 205 – Wüstenflug).

199 Eine Beeinträchtigung kann aber auch ohne direkte Veränderung des Werkes erfolgen. So genügt es, wenn die urheberpersönlichkeitsrechtlichen Interessen des Urhebers an seinem Werk durch Form und Art der Werkwiedergabe und Werknutzung (Kontext des Werkes) beeinträchtigt werden.

Beispiele: **200**
- Verwendung eines Musikstückes als Klingelton, weil das Musikwerk nicht als sinnlich-klangliches Erlebnis, sondern als – oft störender – Signalton wahrgenommen wird (so BGH GRUR 2009, 395 – Klingeltöne für Mobiltelefone).
- Verbindung eines Werkes mit einem anderen Werk oder Element (BGH GRUR 2002, 532 – Unikatrahmen).

Die vollständige Zerstörung eines Werkes ist keine Entstellung (str., zum Streitstand Dreier/*Schulze*, § 14 Rn. 27–30). Zwar geht dabei die konkrete Verkörperung des Werkes verloren, doch wird in dessen geistigen Gehalt gerade nicht eingegriffen, und nur davor schützt das Änderungsverbot. Aus Treu und Glauben kann sich aber die Verpflichtung ergeben, dem Urheber das Werk vor der Zerstörung zum Materialwert anzubieten. **201**

Ebenfalls keine Entstellung oder andere Beeinträchtigung ist die (auch drastische) Werkkritik. Diese setzt sich mit Inhalt und Aussage des Werkes auseinander, ändert diese aber nicht (*Schack*, Rn. 385). Gegen Schmähkritik schützt den Urheber das allgemeine Persönlichkeitsrecht (s. Rn. 172 f.). **202**

bb) Eignung zur Interessengefährdung. Die objektiv festgestellte Beeinträchtigung des Werkes indiziert die Eignung zur Gefährdung der geistigen oder persönlichen Interessen des Urhebers, denn diese sind in aller Regel auf den unveränderten Erhalt des Werkes mit dem von ihm geschaffenen geistig-ästhetischen Gesamteindruck gerichtet (BGH GRUR 1989, 106, 107 – Oberammergauer Passionsspiele II). **203**

Eine Werkänderung ist dagegen nicht zur Interessengefährdung geeignet, wenn der Urheber dieser Änderung zugestimmt hatte (OLG München GRUR Int. 1993, 332, 333 – Christoph Columbus) oder hinreichend sicher ist, dass das Werk innerhalb der urheberrechtlichen Schutzdauer nicht an die Öffentlichkeit gelangt (Wandtke/*Bullinger*, § 14 Rn. 8). Im privaten Bereich ist eine Entstellung deshalb zwar an sich zulässig, doch wird in aller Regel nicht sichergestellt werden können, dass diese nicht öffentlich wird. **204**

Beispiel: **205**
E lässt im Treppenhaus seines Wohnhauses ein Fresko anbringen. Nach Fertigstellung stören ihn die unbekleideten Sirenen und er lässt diese kurzerhand von einem anderen Maler „anziehen“. Obwohl es sich hier um ein Privathaus handelte, verurteile das Reichsgericht (RGZ 79, 397 – Felseneiland mit Sirenen) u.a. zur Beseitigung der Entstellung, weil die Gefahr bestehe, dass das Haus verkauft würde.

206   **cc) Interessenabwägung.** Aus der Beschränkung des § 14 UrhG auf *berechtigte* Interessen und der Verpflichtung, eine Einwilligung zur Werkänderung nicht gegen Treu und Glauben zu versagen (§ 39 Abs. 2 UrhG) ist zu entnehmen, dass das Integritätsinteresse des Urhebers am unveränderten Bestand seines Werkes nicht absolut ist, sondern gegen berechtigte Interessen anderer abgewogen werden muss (Wandtke/*Bullinger*, § 14 Rn. 10). In die Abwägung sind u. a. einzustellen die schöpferische Eigenart des Werkes, Umfang, Intensität und Revisibilität der Änderung, Grad der Öffentlichkeit, aber auch Nutzungs- und Verwertungsinteressen, insbesondere, wenn das Werk auf Bestellung oder zu einem bestimmten Gebrauchszweck geschaffen wurde (näher Schricker/ Loewenheim/*Dietz/Peukert*, § 14 Rn. 30 ff.).

207   Zulässig sind deshalb in aller Regel werkrealisierende Änderungen (Rechtsgedanke des § 39 UrhG). Dem Regisseur einer Oper oder dem Dirigenten einer Sinfonie muss ein eigener, von der Zustimmung des Urhebers unabhängiger Darbietungs-, Interpretations- und Modernisierungsspielraum zugestanden werden (*Schack*, Rn. 392).

208   Beispiel:
Maßvolle Umorchestrierung eines Orchestersatzes, beispielsweise zur Anpassung an die Musikerbesetzung.

Die Grenzen sind im Einzelfall freilich oft nicht leicht zu ziehen.

209   Beispiel:
Die Besetzung von Samuel Becketts „Warten auf Godot" mit Frauen anstelle von Männern wurde von einem französischen Gericht für unzulässig, von einem niederländischen Gericht dagegen für zulässig erachtet (näher *Schack*, Rn. 393).

210   Besonders häufig kollidieren die Interessen von Urheber und Werkeigentümer bei **Werken der Baukunst.** So ist der Auftraggeber im Nachhinein mit einigen (Fehl-)Planungen des Architekten unzufrieden oder er möchte sein Gebäude geänderten Nutzungswünschen anpassen.

211   Beispiele:
Eine großflächige Glasfront gewährt ungewollte Einblicke in die Büros; der Altarraum einer Kirche entspricht nicht mehr den zwischenzeitlich veränderten liturgischen Anforderungen (s. dazu BGH GRUR 2008, 984 – St. Gottfried).

In den Fällen von notwendig gewordenen Erweiterungen oder Umbauten, Renovierungen, Anpassungen an Bauvorschriften, technischen Verbesserungen wird regelmäßig das Eigentümerinteresse überwiegen (Schricker/Loewenheim/*Dietz/Peukert*, § 14 Rn. 36a). **212**

Bei der Herstellung und Verwertung von Filmwerken können nur **gröbliche Entstellungen oder Beeinträchtigungen** abgewehrt werden (§ 93 Abs. 1 UrhG). Dies soll dem Filmhersteller die Produktion und Verwertung des Filmwerkes erleichtern, indem die Urheber der dem Film zugrunde liegenden Werke Änderungen nur unter strengeren Voraussetzungen verhindern können. **213**

d) Zugangsrecht (§ 25 UrhG). Der Besitzer eines Originalwerkes oder eines Vervielfältigungsstückes ist verpflichtet, dessen Urheber den Zugang zum Werk zu ermöglichen, soweit dies zur Herstellung von Vervielfältigungsstücken oder Bearbeitungen des Werkes *erforderlich* und dem Besitzer *zumutbar* ist (§ 25 Abs. 1 UrhG). Insbesondere bei veräußerten Originalwerken kann im Laufe der Zeit ein Bedürfnis des Urhebers entstehen, Zugang zu „seinem" Werk zu erhalten. **214**

> **Beispiel:** **215**
> K hat eine von ihm geschaffene Skulptur (Einzelstück) an Sammler S verkauft. Jahre später will K eine Ausstellung mit Fotografien seiner Werke durchführen und zu diesem Zweck die Skulptur bei S fotografieren.

Der Besitzer eines Originalwerks kann sich dem Wunsch des Urhebers nach Zugang zur Herstellung von Vervielfältigungsstücken nicht mit der Begründung widersetzen, dadurch sinke der Marktwert des bisherigen Unikats (KG GRUR 1983, 507, 508 – Totenmaske II), wohl aber mit dem Einwand, es bestehe die nicht fernliegende Gefahr, dass das Werkstück durch die Vervielfältigung Schaden nimmt (Schricker/Loewenheim/*Vogel*, § 25 Rn. 18). **216**

Schließlich muss der Besitzer dem Urheber das Werk grundsätzlich nicht herausgeben (§ 25 Abs. 2 UrhG). Insbesondere lässt sich aus § 25 UrhG kein Anspruch des Urhebers auf Herausgabe des Werkes zu Ausstellungszwecken begründen (Wandtke/*Bullinger*, § 25 Rn. 9). Nur wenn der Urheber die Vervielfältigung nicht beim Besitzer durchführen kann, ist dieser ausnahmsweise zur Herausgabe verpflichtet. **217**

> **Beispiel:** **218**
> Abguss einer Skulptur (s. KG GRUR 1983, 507, 508 – Totenmaske II).

219 Das Zugangsrecht unterliegt einer Interessenabwägung. Insbesondere besteht es nur, wenn der Urheber auf den Zugang angewiesen ist, weil er weder selbst ein Werkexemplar besitzt noch sich ein solches anderweitig zumutbar beschaffen kann (Schricker/Loewenheim/*Vogel*, § 25 Rn. 13).

III. Verwertungsrechte

220 **1. Überblick.** Das Urheberpersönlichkeitsrecht schützt den Urheber zwar in seinen geistigen und persönlichen Beziehungen zum Werk, ermöglicht ihm allein aber noch nicht hinreichend, sein Werk auch wirtschaftlich nutzbar zu machen. Zu diesem Zweck gewährt das UrhG dem Urheber die alleinige Befugnis, sein Werk in körperlicher (§ 15 Abs. 1 UrhG) und unkörperlicher (§ 15 Abs. 2 UrhG) Form zu verwerten oder durch Dritte verwerten zu lassen. Diese sog. Verwertungsrechte sind die Grundlage für die angemessene Entlohnung des Urhebers für sein geistiges Schaffen. Ihnen kommt in der Praxis ganz erhebliche Bedeutung zu.

221 In den §§ 16 bis 22 UrhG führt das UrhG die typischen Verwertungshandlungen auf. Die Aufzählung ist jedoch nicht abschließend. Neue Verwertungsformen sind als unbenannte Verwertungsrechte nach § 15 Abs. 1 oder 2 UrhG ebenfalls unmittelbar dem Urheber vorbehalten (*Schack*, Rn. 341), ohne dass es hierfür einer Gesetzesänderung bedürfte. Hier liegt der große Vorteil gegenüber Regelungsmodellen mit abschließend eingeräumten Einzelbefugnissen (so beispielsweise die RBÜ, s. Rn. 605).

222 Anders als die gewerblichen Schutzrechte (Patent, Gebrauchsmuster, Geschmacksmuster und Marke) setzen die urheberrechtlichen Verwertungsrechte kein gewerbsmäßiges, entgeltliches oder auf Gewinnerzielung gerichtetes Handeln voraus (Ausnahme: Vermietrecht, § 17 Abs. 3 S. 1 UrhG). Auch rein private Vorgänge können daher urheberrechtlich relevant werden.

223 **Beispiel:**
V kopiert für sich persönlich eine Musik-CD (Vervielfältigung, § 16 Abs. 1 UrhG), stellt diese auf seiner Homepage zum Download bereit (öffentliche Zugänglichmachung, § 19a UrhG) und spielt sie in seiner Bar ab (Recht der Wiedergabe durch Bild- oder Tonträger, § 21 UrhG). –

Mit Ausnahme der Vervielfältigung (unter den Voraussetzungen, dass die Musik-CD nicht offensichtlich rechtswidrig hergestellt war, § 53 Abs. 1 S. 1 UrhG) sind all diese Handlungen ohne Einwilligung des Rechteinhabers unzulässig und begründen Ansprüche wegen Urheberrechtsverletzung nach § 97 UrhG.

Urheberrechtlich frei ist dagegen der private Werkgenuss. Dabei handelt es **224** sich aber nicht um einen vorgegebenen Grundsatz, sondern um eine Entscheidung des Gesetzgebers (Dreier/*Schulze*, § 15 Rn. 20). Die zeitweise vehement geführte Diskussion um ein „Recht auf Privatkopie" ging deshalb fehl (s. Rn. 359).

2. Verwertung in körperlicher Form (§ 15 Abs. 1 UrhG). Gegenstand oder Er- **225** gebnis einer Verwertung in körperlicher Form ist stets ein gegenständliches Werkexemplar. Entweder wird dieses Werkexemplar durch die Verwertungshandlung geschaffen (Vervielfältigung) oder es wird der Öffentlichkeit körperlich zugänglich gemacht (Verbreitung und Ausstellung). Im Gegensatz dazu wird bei der Verwertung in unkörperlicher Form das Werk der Öffentlichkeit lediglich wahrnehmbar gemacht, d. h. sein geistiger Gehalt vermittelt, ohne dass es dabei auf ein gegenständliches Werkexemplar ankommt (Dreier/ *Schulze*, § 15 Rn. 25).

a) Vervielfältigungsrecht (§ 16 UrhG). Vervielfältigung ist jede körperliche Fest- **226** legung eines Werkes, die geeignet ist, das Werk den menschlichen Sinnen auf irgendeine Weise unmittelbar oder mittelbar wahrnehmbar zu machen (BGH GRUR 1991, 449 – Betriebssystem). Ergebnis einer jeden Vervielfältigung ist also ein körperlicher Gegenstand, das sog. Vervielfältigungsstück, der das Werk trägt und dessen sinnliche Wahrnehmung ermöglicht. Die Wahrnehmung des Werkes muss dabei nicht unmittelbar (durch Hören, Sehen, Fühlen) möglich sein, sondern es genügt, dass dies mittels (technischer) Hilfsmittel möglich ist (Dreier/*Schulze*, § 16 Rn. 7).

Beispiele: **227**
Aufzeichnung von Musik auf Tonband oder CD, Digitalfoto, Software.

„Vervielfältigung" ist sowohl die Herstellung des ersten körperlichen Werk- **228** exemplars eines bislang nur unkörperlich vorhandenen Werkes als auch die Herstellung weiterer Vervielfältigungsstücke (BGH GRUR 1982, 102, 103 – Masterbänder).

229

> **Beispiel:**
> Aufzeichnung einer Jazz-Improvisation auf Band, anschließend Herstellung von mehreren Kopien des Bandes auf CD.

230 Unerheblich für die Vervielfältigung ist, mit welchem Verfahren und in welcher Anzahl die Vervielfältigungsstücke hergestellt werden (Wandtke/Bullinger/ *Heerma*, § 16 Rn. 3).

231

> **Beispiele:**
> Kopieren eines Bildes durch Abmalen (LG Hamburg ZUM-RD 2008, 202, 204), Abfotografieren, Kopie mit dem Fotokopierer; Druck tausender Exemplare; Aufnahme auf Tonband oder Film; Digitalisierung auf Festplatte.

232 Solange der Gesamteindruck des Werkes erhalten bleibt, sind mit der Vervielfältigung einhergehende Veränderungen am Werk unschädlich (Dreier/ *Schulze*, § 16 Rn. 10). Vervielfältigung ist daher nicht nur die 1:1-Reproduktion, sondern auch die Vergrößerung oder Verkleinerung eines Werkes.

233

> **Beispiel:**
> • Abzug in Postergröße von einem Dia.
> • Verlustbehaftete Kompression von digitalen Fotos (JPEG) oder Musik (MP3).

234 Vervielfältigung ist schließlich auch die Umsetzung eines dreidimensionalen Werkes in ein zweidimensionales Vervielfältigungsstück und umgekehrt, denn das Werk als solches ist unabhängig von seiner konkreten Verkörperung (BGH GRUR 1983, 28, 29 – Presseberichterstattung und Kunstwerkwiedergabe II.

235

> **Beispiele:**
> Fotografie einer Skulptur oder eines Bauwerkes (s. BGH GRUR 2003, 1035, 1036 – Hundertwasserhaus); Errichtung eines Bauwerkes nach den Plänen des Architekten (BGH GRUR 1957, 391, 394 – Ledigenheim).

236 Die Ausführung einer wissenschaftlichen oder technischen Darstellung (§ 2 Abs. 1 Nr. 7 UrhG) ist dagegen keine Vervielfältigung, denn die persönliche, geistige Schöpfung und damit das Werk liegt bei dieser in der konkreten Darstellung eines wissenschaftlichen oder technischen Inhalts, nicht aber im Dargestellten selbst (s. Rn. 80).

Beispiel: **237**
Der Bau einer Maschine nach einer Konstruktionszeichnung ist *urheberrechtlich* stets zulässig.

Vervielfältigung im Sinne des § 16 Abs. 1 UrhG ist auch die nur teilweise Fest-   **238**
legung oder Vervielfältigung des Werkes, sofern dem Werkteil selbst bereits
Werkqualität (§ 2 Abs. 2 UrhG) zukommt (Schricker/Loewenheim/*Loewenheim*, § 16 Rn. 14).

Eine Vervielfältigung muss nicht von Dauer sein (Dreier/*Schulze*, § 16 Rn. 12).   **239**
Die bloße Benutzung eines Computerprogramms ist deshalb eine Vervielfältigung der Software, da diese zum Betrieb in den Arbeitsspeicher des Rechners
geladen werden muss (vgl. § 69c Nr. 1 UrhG). Erst § 69d Abs. 1 UrhG ermöglicht
die Nutzung der Software durch den Berechtigten. Vor diesem Hintergrund ist
der Genuss von gestreamten Audio- oder Videoinhalten urheberrechtlich nicht
unproblematisch. Auch hier geht der Wiedergabe im Lautsprecher oder auf dem
Bildschirm eine vorübergehende Speicherung (Pufferung) im Arbeitsspeicher
voraus, die, sofern der gespeicherte Teil des Werkes selbst Werkqualität aufweist
(was jedenfalls in Bezug auf Lichtbilder – § 72 UrhG – leicht der Fall ist), eine
zustimmungsbedürftige Vervielfältigung darstellt. Gegebenenfalls greift zugunsten des Nutzers aber die Privatkopieschranke (§ 53 Abs. 1 UrhG, s.
Rn. 358 ff.) ein (näher zum Streaming *Fangerow/Schulz* GRUR 2010, 677 ff.).

Sogar beim bloßen „Browsing" im Internet kommt es zu Vervielfältigungs-   **240**
handlungen, wenn urheberrechtlich geschützte Webseiten angezeigt werden.
Hier sorgt jedoch § 44a Nr. 2 UrhG für die Zulässigkeit (s. *Loewenheim*, § 20
Rn. 15).

§ 44a Nr. 1 UrhG bezieht sich dagegen auf vorübergehende („ephemere") Ver-   **241**
vielfältigungen durch die Erbringer von IT-Dienstleistungen, insb. die sog.
Access-Provider.

Beispiel: **242**
T bietet seinen Kunden den Zugang zum Internet. Wenn diese ein urheber-
rechtlich geschütztes Werk abrufen, wird dieses auf dem Weg vom Website-
Betreiber zum Kunden technisch zwangsläufig von T vorübergehend gespei-
chert. § 44a Nr. 1 UrhG erlaubt dies.

Dem Vervielfältigungsrecht unterfällt auch jede zu privaten Zwecken vorge-   **243**
nommene Vervielfältigung eines Werkes. Diese kann jedoch insbesondere
nach § 53 UrhG zulässig sein (näher Rn. 358 ff.).

244   § 16 Abs. 2 UrhG kommt keine eigenständige Bedeutung zu. Die dort genannten Handlungen fallen als Vervielfältigungen ohne weiteres bereits unter Absatz 1. Die Vorschrift dient somit lediglich der Klarstellung (Schricker/*Loewenheim*, § 16 Rn. 26).

245   **b) Verbreitungsrecht und Erschöpfung (§ 17 UrhG) – aa) Verbreitungsrecht (§ 17 Abs. 1 UrhG).** Das Verbreitungsrecht ist das Recht, das Original oder Vervielfältigungsstücke des Werkes der Öffentlichkeit anzubieten oder in Verkehr zu bringen. Es bezieht sich ausschließlich auf körperliche Werkexemplare. Die öffentliche Wiedergabe des Werkes durch Ausstellung, Vorführung, Aufführung ist dagegen eine unkörperliche Verwertung nach § 15 Abs. 2 UrhG.

246   Das Verbreitungsrecht bezieht sich auf rechtmäßig wie unrechtmäßig hergestellte Vervielfältigungsstücke (Schricker/*Loewenheim*, § 17 Rn. 17). Insbesondere umfasst das Recht zur Vervielfältigung eines Werkes nicht ohne weiteres zugleich das Recht zur Verbreitung der Vervielfältigungsstücke, wird aber häufig (aus wirtschaftlichen Gründen) mit eingeräumt (s. § 1 VerlG).

247   Das Verbreitungsrecht ermöglicht dem Urheber durch die Einräumung beschränkter Nutzungsrechte (§ 31 Abs. 1 S. 2 UrhG) die Segmentierung von Absatzmärkten und erlangt darüber hinaus dort Bedeutung, wo gegen die Herstellung der Vervielfältigungsstücke aus rechtlichen oder tatsächlichen Gründen nicht vorgegangen werden kann.

248   **Beispiel:**
A produziert und vertreibt in Italien sog. Wagenfeld-Leuchten. In Deutschland sind diese als Werke der angewandten Kunst (§ 2 Abs. 1 Nr. 4 UrhG) urheberrechtlich geschützt, so dass der Rechtsinhaber einen Vertrieb hierzulande untersagen kann, selbst wenn die Herstellung (Vervielfältigung) und Verbreitung in Italien mangels dortiger Urheberschutzfähigkeit zulässig ist (s. BGH GRUR 2007, 871 – Wagenfeld-Leuchte).

249   Verwertungshandlungen sind das Anbieten und das Inverkehrbringen. Bislang galt, dass ein Werkstück in Verkehr gebracht worden ist, wenn es an die Öffentlichkeit veräußert (Eigentum) oder ihr in sonstiger Weise (Besitz) überlassen worden ist. Es genügte also jede Form der Besitzüberlassung, damit auch Vermietung, Leihe und Nutzungsüberlassung (Dreier/*Schulze*, § 17 Rn. 15). Seit der EuGH-Entscheidung „Peek & Cloppenburg/Cassina" (GRUR 2008, 604) und der daraufhin ergangenen BGH-Entscheidung „Le-Corbusier-Möbel II" (GRUR 2009, 840) ist dies umstritten. Inverkehrbringen soll nunmehr stets eine **Übertragung des Eigentums** voraussetzen. Die bloße Gebrauchsüberlassung genüge nicht mehr.

Das Angebot des Werkes an die Öffentlichkeit ist demgegenüber eine Vorstufe **250** zum Inverkehrbringen und meint jede Form der Werbung für oder das Angebot von Möglichkeiten, ein Werkstück zu erhalten (näher Dreier/*Schulze*, § 17 Rn. 11). Konsequent wird man dies entsprechend der neuen Rechtsprechung zum Inverkehrbringen auf Möglichkeiten des Eigentumserwerbs am Werkstück beschränken müssen (so Schricker/*Loewenheim*, § 17 Rn. 8; str.).

> **Beispiel:** **251**
> Ausstellung in Schaufenster; Einstellen in einen Internetshop; Versand von Angebotslisten.

Für ein Angebot genügt es, dass ein Vervielfältigungsstück erst nach Bestellung **252** hergestellt wird (BGH GRUR 1991, 316, 317 – Einzelangebot).

> **Beispiel (nach BGH GRUR 1991, 316 – Einzelangebot):** **253**
> A bietet Software zum Verkauf an. Auf Bestellung fertigt er die gewünschten Datenträger.

Beide Verwertungshandlungen müssen sich an die Öffentlichkeit, d. h. an eine **254** Mehrzahl von Personen richten, die weder untereinander noch mit dem Verbreitenden durch persönliche Beziehungen verbunden sind (§ 15 Abs. 3 UrhG analog, s. Rn. 282 ff.). Angebot oder Weitergabe eines Vervielfältigungsstückes im rein privaten, innerbetrieblichen oder innerbehördlichen Bereich sind deshalb keine Verbreitung (Dreier/*Schulze*, § 17 Rn. 7 ff.).

bb) Erschöpfung (§ 17 Abs. 2 UrhG). Begrifflich fällt unter Verbreitung nicht **255** nur das erstmalige Inverkehrbringen eines Werkstückes, sondern auch jede Weiterverbreitung. Der Ersterwerber eines Romans könnte diesen außerhalb des privaten Bereichs nicht ohne Zustimmung des Urhebers weitergeben. Die Verkehrsfähigkeit des Werkstückes wäre zu Lasten des Werkeigentümers und des Rechtsverkehrs erheblich eingeschränkt. Zwar ist der Urheber „tunlichst angemessen an dem wirtschaftlichen Nutzen seines Werkes zu beteiligen" (zu diesem Grundsatz BGH GRUR 1995, 673, 675 – Mauer-Bilder), doch ist dem hier dadurch hinreichend Genüge getan, dass er die Erstverbreitung des Werkstückes steuern und von der Zahlung einer Vergütung abhängig machen konnte (BGH GRUR 1995, 673, 676 – Mauer-Bilder). Zudem führt die Weiterverbreitung im Gegensatz zu den anderen Verwertungshandlungen nicht zu einer intensiveren Werknutzung, die eine nochmalige Beteiligung des Urhebers erforderte. Es ist demnach interessengerecht, die urheberrechtliche Befugnis des Urhebers auf die Erstverbreitung eines Werkexemplars zu beschränken (sog. „first sale doctrin", *Schack*, Rn. 429, Fn. 50). Das Verbreitungsrecht unterliegt deshalb der Erschöpfung (§ 17 Abs. 2 UrhG). Mit dem ersten Inverkehrbringen erschöpft sich das Verbreitungsrecht in Bezug auf das konkrete Werkstück, so dass der Urheber dessen Weiterverbreitung urheberrechtlich nicht mehr verhindern kann.

256   Der Erschöpfung unterliegt ausschließlich das Verbreitungsrecht. Die anderen Verwertungsrechte sowie das Urheberpersönlichkeitsrecht bleiben davon unberührt. So darf ein Werkstück, hinsichtlich dessen Erschöpfung eingetreten ist, vorbehaltlich des Eingreifens von Schranken weder vervielfältigt (§ 16 Abs. 1 UrhG) noch öffentlich wiedergeben (§ 15 Abs. 2 UrhG) oder entstellt (§ 14 UrhG) werden. Eine kleine, aber in der Praxis wichtige Ausnahme hat der BGH (GRUR 2001, 51 – Parfumflakon) für das Vervielfältigungsrecht anerkannt, soweit dies notwendig ist, um eine Ware anzubieten und im Rahmen des Üblichen werblich darzustellen.

257   **Beispiel (nach BGH GRUR 2001, 51 – Parfumflakon):**
F vertreibt Parfum, das in urheberrechtlich geschützten Flakons abgefüllt ist. In einem Prospekt wirbt er für das Parfum unter Abbildung des Flakons. – Die Abbildung ist eine an sich dem Urheber des als Werk der bildenden Kunst geschützten Flakons vorbehaltene Vervielfältigung (§ 16 Abs. 1 UrhG) anzusehen, jedoch in Anlehnung an das sog. Ankündigungsrecht im Markenrecht (s. Ingerl/Rohnke, § 24 Rn. 51) ausnahmsweise zulässig, da anderenfalls der (rechtmäßige) Vertrieb des Parfums behindert würde.

258   Das Verbreitungsrecht erschöpft sich stets nur in Bezug auf das konkret in Verkehr gebrachte Werkexemplar. Hinsichtlich möglicher weiterer Vervielfältigungsstücke bleibt es dagegen erhalten (s. BGH GRUR 1993, 34, 36 – Bedienungsanweisung). Mangels Werkexemplar kann bei einer unkörperlichen Verwertung niemals Erschöpfung eintreten. Dies führt zu erheblichen Problemen beim (legalen) Download von Musik und Filmen (iTunes) oder Software. Derzeit ist noch ungeklärt, ob diese unkörperlich erworbenen Werke vom Erwerber weiterverbreitet werden dürfen, ob sich also auch hier das Verbreitungsrecht erschöpft, obwohl ein körperliches Werkexemplar gerade nicht in den Verkehr gebracht wurde (näher Schricker/*Loewenheim*, § 17 Rn. 45).

Die Erschöpfung tritt aufgrund des Territorialitätsprinzips nur in dem Land ein, **259** in dem das Werkstück in Verkehr gebracht wurde. Eine Ausnahme von diesem Grundsatz besteht nur innerhalb des Gemeinsamen Marktes der EU-/EWR-Staaten. Um den innergemeinschaftlichen Handel nicht zu beeinträchtigen, führt das Inverkehrbringen in einem Mitgliedstaat der Gemeinschaft zur Erschöpfung in allen anderen Mitgliedstaaten (§ 17 Abs. 2 UrhG, dazu Schricker/*Loewenheim*, § 17 Rn. 64 f.).

> **Beispiel:** **260**
> A verbreitet seinen Roman ausschließlich in den USA. In Deutschland tritt keine Erschöpfung ein, so dass A Import und Vertrieb verhindern kann. Anderes gilt, wenn A den Roman in Italien verbreitet und dieser von dort nach Deutschland importiert wird.

Erschöpfung tritt ein, wenn das erstmalige Inverkehrbringen des Werkexemplars (1) im Wege der Veräußerung und (2) mit Zustimmung des Berechtigten erfolgt ist. **261**

(1) Inverkehrbringen durch Veräußerung. Im Wege der Veräußerung wurde **262** ein Werkstück in Verkehr gebracht, wenn es dem Erwerber zur freien Verfügung überlassen wurde. Es bedarf also der endgültigen Aufgabe der Verfügungsgewalt (BGH GRUR 1995, 673, 676 – Mauer-Bilder).

> **Beispiel:** **263**
> Übereignung in Erfüllung eines Kauf- oder Schenkungsvertrages.

Wird die Veräußerung rückgängig gemacht (etwa durch Verbraucherwiderruf, **264** Rücktritt des Urhebers, Abschluss eines Aufhebungsvertrages usw.), lebt das Verbreitungsrecht an dem betroffenen Werkstück wieder auf (Schricker/*Loewenheim*, § 17 Rn. 52). Mangels endgültiger Aufgabe der Verfügungsgewalt führt die Sicherungsübereignung nicht zur Erschöpfung, wohl aber der Verkauf unter Eigentumsvorbehalt (Dreier/*Schulze*, § 17 Rn. 25 f.).

> **Beispiel:** **265**
> Sicherungsübereignete Musik-CDs sind noch nicht veräußert im Sinne des § 17 Abs. 2 UrhG. Erst wenn der Sicherungsfall eintritt und die CDs vom Sicherungsnehmer verwertet werden, tritt Erschöpfung ein.

An der endgültigen Aufgabe der Verfügungsgewalt und damit an einer Veräu- **266** ßerung im Sinne des § 17 Abs. 2 fehlt es bei allen nur auf Zeit angelegten Überlassungen wie Leihe oder Miete (Schricker/*Loewenheim*, § 17 Rn. 48).

267 (2) **Inverkehrbringen mit Zustimmung des Berechtigten.** Das Inverkehrbringen muss mit Zustimmung des Berechtigten (Urheber oder Inhaber eines von diesem abgeleiteten Rechts) erfolgen. Es muss sich dazu insbesondere in den Grenzen des eingeräumten Verbreitungsrechts halten. Wie alle Verwertungsrechte kann das Verbreitungsrecht (genauer: ein Nutzungsrecht an dem Verbreitungsrecht, näher Rn. 537 ff.) zeitlich, räumlich und sachlich beschränkt eingeräumt werden (§ 31 Abs. 1 S. 2 UrhG).

268 **Beispiel:**
1. Verleger V darf nur ein Jahr den Roman des A verlegen – keine Erschöpfung in Bezug auf die *nach* Ablauf dieser Frist (nicht auch die davor) in Verkehr gebrachten Exemplare.
2. V darf nur in USA verlegen – keine Erschöpfung in der EU; anders allerdings, wenn das Verbreitungsrecht zwar auf einen Mitgliedstaat der EU beschränkt ist, doch gilt hier die EU-weite Erschöpfung, so dass der Weitervertrieb innerhalb der Gemeinschaft zulässig ist.

269 Die inhaltliche Beschränkung der Nutzungsrechte ist allerdings nicht schrankenlos möglich, sondern muss eine technisch und wirtschaftlich eigenständige Nutzungsart betreffen (näher Rn. 547 f.). Auch lassen sich spätere Nutzungsbeschränkungen urheberrechtlich nicht durchsetzen.

270 **Beispiel (nach BGH GRUR 2001, 153 – OEM-Software):**
Softwarehersteller M veräußert verbilligte Kopien seines Betriebssystems an die Hersteller von Computern, verpflichtet diese aber, die Software ausschließlich in Verbindung mit einem Computer weiterzugeben. Ein Verstoß des Hersteller H gegen diese vertragliche Beschränkung durch die Weiteräußerung ohne Hardware steht der Erschöpfung nicht entgegen. M kann gegen H urheberrechtlich nicht vorgehen, sondern ist auf vertragliche Ansprüche beschränkt.

271 An einer Zustimmung zum Inverkehrbringen fehlt es, wenn die Verbreitung lediglich aufgrund einer gesetzlichen Ausnahme zulässig war (*Schack*, Rn. 146, 433 m. Fn. 74) oder wenn im Herkunftsland kein Urheberrecht bestand (Dreier/*Schulze*, § 17 Rn. 37; Beispiel hierfür in Rn. 248).

272 c) **Vermietrecht (§ 17 Abs. 2 a.E. und Abs. 3 UrhG).** Nach § 17 Abs. 2 a.E. UrhG bleibt dem Urheber (seit 1995) das Recht der Vermietung eines Werkexemplars auch dann vorbehalten, wenn das Verbreitungsrecht erschöpft ist. Der Verleih hingegen ist stets zulässig, aber unter Umständen vergütungspflichtig (§ 27

Abs. 2 UrhG). Das Vermietrecht ist ungeachtet seiner Regelung in § 17 UrhG ein selbständig lizenzierbares Verwertungsrecht.

aa) Vermietung. „Vermietung" ist die zeitlich begrenzte, unmittelbar oder mit- **273** telbar Erwerbszwecken dienende Gebrauchsüberlassung (§ 17 Abs. 3 S. 1 UrhG). Die Regelung erfasst die „klassische" Vermietung, aber auch wirtschaft- lich vergleichbare Umgehungskonstruktionen (Schricker/*Loewenheim*, § 17 Rn. 33).

Beispiel: **274**
C vermietete gewerblich Musik-CDs. Da dies nunmehr unzulässig ist, grün- det C einen „Musik-CD-Club", dessen Mitglieder für einen bestimmten Mo- natsbeitrag, in den neben den reinen Erwerbskosten auch der Gewinn des C einkalkuliert ist, die vom Club angeschafften Musik-CDs „ausleihen" kön- nen.

Das Vermietrecht gilt nicht bei der Überlassung von Bauwerken und Werken **275** der angewandten Kunst (§ 17 Abs. 3 S. 2 Nr. 1 UrhG). Anderenfalls wäre die Vermietung eines urheberrechtlich geschützten Hauses zustimmungsbedürf- tig. Das Vermietrecht gilt außerdem nicht für die Überlassung von Werken im Rahmen eines Arbeits- und Dienstverhältnisses, soweit sie zur Erfüllung der dort bestehenden Pflichten benutzt werden (§ 17 Abs. 3 S. 2 Nr. 2 UrhG).

Beispiel: **276**
Der Arbeitgeber stellt seinen Angestellten benötigte Fachliteratur zur Verfü- gung. Obwohl er mit dieser Gebrauchsüberlassung mittelbar Erwerbszwe- cke verfolgt, ist die keine Vermietung im Sinne des § 17 Abs. 2 UrhG.

Die Regelung in § 17 Abs. 2 a.E. UrhG basiert auf der bisher herrschenden Auf- **277** fassung, dass unter Verbreitung auch die bloße Gebrauchsüberlassung fällt und damit die Erschöpfungswirkung des § 17 Abs. 2 UrhG auch Vermietung und Leihe erfasst (s. Schricker/*Loewenheim*, § 17 Rn. 2, 30). Seit der Beschrän- kung des Verbreitungsrechts auf Eigentumsübertragungsvorgänge durch den BGH (s. Rn. 249) ist diese Regelung eigentlich obsolet, da das Vermieten unter diesen Voraussetzungen nicht mehr als Verbreitung angesehen werden kann (ausdr. Schricker/*Loewenheim*, § 20 Rn. 25, 36) und schon deshalb nicht der Er- schöpfung unterliegt. Um auch zukünftig rechtmäßig in den Verkehr ge- brachte Werkstücke verleihen zu dürfen, müsste nunmehr die Erschöpfung des Verleihrechts angeordnet werden.

278   **bb) Verleihen.** Im Gegensatz zur Vermietung ist das **Verleihen** eines Werkexemplares, hinsichtlich dessen Erschöpfung eingetreten ist, stets zulässig (so zumindest die überkommene Rechtslage, s. Rn. 277). Das Verleihen durch eine der Öffentlichkeit zugänglichen Einrichtung ist aber vergütungspflichtig (§ 27 Abs. 2 S. 1 UrhG; s. a. Rn. 348 ff.). Da dies insbesondere öffentliche Bibliotheken betrifft, ist in diesem Zusammenhang oft von „Bibliotheksgroschen" oder „Bibliothekstantieme" die Rede.

279   **d) Ausstellungsrecht (§ 18 UrhG).** Das Ausstellungsrecht ist das dem Urheber vorbehaltene Recht, sein *unveröffentlichtes* (s. § 6 Abs. 1 UrhG) Werk der bildenden Künste oder Lichtbildwerk (einschließlich des Lichtbildes, § 72 UrhG) öffentlich zur Schau zu stellen. Dem Ausstellungsrecht kommt angesichts des dem Urheber ohnehin zustehenden Veröffentlichungsrechts (§ 12 Abs. 1 UrhG) nur geringe praktische Bedeutung zu (Schricker/Loewenheim/*Vogel*, § 18 Rn. 4 f.). Diese besteht deshalb im Wesentlichen auch nur darin, dass in einem Umkehrschluss die Ausstellung von veröffentlichten Werken ohne Zustimmung des Urhebers zulässig ist, es sei denn, er hat sich das Ausstellungsrecht bei der Veräußerung des Werkoriginals ausdrücklich vorbehalten (§ 44 Abs. 2 UrhG).

280   Ein Anspruch auf Herausgabe des Werkes, um es ausstellen zu können, gewährt das Ausstellungsrecht ebenso wenig (s. KG GRUR 1981, 742, 743 – Totenmaske) wie das Zugangsrecht (§ 25 UrhG, s. Rn. 217).

281   **3. Verwertung in unkörperlicher Form (§ 15 Abs. 2 UrhG).** Die Verwertung in unkörperlicher Form ist die Vermittlung des geistiges Gehaltes des Werkes an die Öffentlichkeit („öffentliche Wiedergabe").

282   **a) Begriff der Öffentlichkeit (§ 15 Abs. 3 UrhG).** Sämtliche Rechte zur Verwertung eines Werkes in unkörperlicher Form setzen voraus, dass die Wiedergabe öffentlich erfolgt (§ 15 Abs. 2 S. 1 UrhG). Das ist der Fall, wenn sie an eine Mehrzahl von Personen gerichtet ist, die weder untereinander noch mit dem Wiedergebenden durch persönliche Beziehungen verbunden sind (§ 15 Abs. 3 UrhG).

283   Entscheidend ist dabei letztlich nicht die Anzahl der Personen, sondern deren persönliche Verbundenheit. So können bereits zwei Personen die Öffentlichkeit repräsentieren (s. beiläufig BGH GRUR 1996, 875 – Zweibettzimmer im Krankenhaus [im konkreten Fall aber Öffentlichkeit verneint]); andererseits stehen 600 Gäste einer Hochzeitsfeier der Nichtöffentlichkeit nicht entgegen (s. AG Bochum GRUR-RR 2009, 166 – Türkische Hochzeit).

Persönliche Verbundenheit besteht jedenfalls bei familiären und freundschaft- **284** lichen Beziehungen (vgl. OLG München, ZUM 1986, 482)

> **Beispiel:** **285**
> Feier im Familien- oder Freundeskreis.

Jenseits dessen kommt es darauf an, ob ein enger gegenseitiger Kontakt be- **286** steht, der bei den Beteiligten das Bewusstsein hervorruft, persönlich unterein- ander verbunden zu sein (BGH GRUR 1975, 34 – Alters-Wohnheim). Die Werk- wiedergabe in einem Krankenhauszimmer ist deshalb nicht öffentlich (BGH GRUR 1996, 875 – Zweibettzimmer im Krankenhaus).

Eine eher zufällige Gemeinschaft mehrerer Personen wie bei den Bewohnern **287** eines Altersheims, den Insassen einer Justizvollzugsanstalt oder den Besu- chern einer Hochschulvorlesung genügt dagegen nicht (Dreier/*Schulze*, § 15 Rn. 44 m.w.N.). Die Werkwiedergabe dort erfolgt öffentlich.

Veranstaltungen, zu denen jedermann Zutritt hat, sind stets öffentlich **288** (Wandtke/Bullinger/*Heerma*, § 15 Rn. 18).

> **Beispiele:** **289**
> Konzert; Volksfest; aber auch „Musikberieselung" im Wartezimmer, im Kaufhaus oder im Fahrstuhl.

Da das UrhG den Begriff der „Öffentlichkeit" an mehreren Stellen verwendet, **290** liegt eine einheitliche Auslegung nahe. Der Schutz der Urheberinteressen ge- bietet aber eine Auslegung im jeweiligen Regelungskontext (str., näher mit Nachw. zum Streitstand Schricker/Loewenheim/*v. Ungern-Sternberg*, § 15 Rn. 59). Deshalb sind die Anforderungen an die Öffentlichkeit im Sinne der Veröffentlichung eines Werkes (§ 6 Abs. 1 UrhG) aufgrund der damit verbun- denen Rechtsverluste strenger (s. Rn. 123).

b) Vortrags-, Aufführungs- und Vorführungsrecht (§ 19 UrhG). Vortrag, Auffüh- **291** rung und Vorführung sind die klassischen Formen der unkörperlichen Werk- verwertung. Sie zeichnen sich dadurch aus, dass eine Darbietung des Werkes **vor einem unmittelbar anwesenden Publikum** erfolgt (*Dreier*/Schulze, § 19 Rn. 3). Hierdurch unterscheiden sie sich sowohl von der Sendung (§ 20 UrhG) als auch von der öffentlichen Zugänglichmachung (§ 19a UrhG).

aa) Vortrag und Aufführung. Bei Vortrag und Aufführung (§ 19 Abs. 1–3 UrhG) **292** erfolgt die Darbietung vor dem Publikum durch anwesende Personen (Vortragende, Sänger, Musiker, Schauspieler, Puppenspieler etc.). und nicht durch Abspielen einer Aufzeichnung. Die Darbietenden sind also ebenfalls persönlich anwesend (*Dreier*/Schulze, § 19 Rn. 6). Wird dem Publikum lediglich eine Aufzeichnung dargeboten, so unterfällt dies dem in § 21 UrhG geregelten Recht der Wiedergabe durch Bild- oder Tonträger (s. Rn. 306 ff.). Der Einsatz von technischen Hilfsmitteln bei der persönlichen Werkdarbietung, wie insbesondere von Mikrofon- und Verstärkeranlagen, ist dagegen unschädlich (Schricker/Loewenheim/*v. Ungern-Sternberg*, § 19 Rn. 6).

293   Vortrag und Aufführung unterscheiden sich durch die dargebotene Werkart: Sprachwerke (§ 2 Abs. 1 Nr. 1 UrhG) werden vorgetragen (§ 19 Abs. 1 UrhG), Musikwerke (§ 2 Abs. 1 Nr. 2 UrhG) und bühnenmäßige Darbietungen eines Werkes werden aufgeführt (§ 19 Abs. 2 UrhG). Die Darbietung eines vertonten Sprachwerkes (Lied) ist damit zugleich Vortrag in Bezug auf den Text als auch Aufführung hinsichtlich der Musik.

294   Beim Aufführungsrecht (§ 19 Abs. 2 UrhG) ist weiter zwischen der Darbietung eines Musikwerkes (sog. „kleines Aufführungsrecht") und der bühnenmäßigen Darbietung eines Werkes (sog. „großes Aufführungsrecht) zu unterscheiden. Diese Differenzierung ist nicht nur von akademischem Interesse. So erfolgt die Lizenzierung des kleinen Aufführungsrechts durch die GEMA, die für das große Aufführungsrecht hingegen obliegt den Urhebern oder deren Verlagen (*Schack*, Rn. 447). Außerdem ist die Schranke der öffentlichen Wiedergabe (§ 52 Abs. 3 UrhG) bei bühnenmäßiger Aufführung eines Werkes anders ausgestaltet als bei der Aufführung eines Musikwerkes.

295   Sprachwerke und Werke der Musik werden vorgetragen bzw. aufgeführt, indem sie dem anwesenden Publikum von dem oder den Darbietenden zu Gehör gebracht werden.

296   **Beispiele:**
Rezitation eines Gedichts; Lesung aus einem Roman; wissenschaftlicher Vortrag; Rede; Konzert.

297   Die bühnenmäßige Darbietung eines Werkes dagegen ist für Auge und Ohr bestimmtes „bewegtes Spiel im Raum" zur Wiedergabe des Werkinhaltes (BGH GRUR 2008, 1081, Rn. 15 – Musical Starlights).

298   **Beispiele:**
Oper, Musical.

Hierzu sind weder Bühnenbild noch Kostüme erforderlich (BGH GRUR 2008, **299** 1081, Rn. 13 – Musical Starlights). Jedoch muss gerade durch die Bewegung ein geistiger Inhalt transportiert werden. Daran fehlt es, wenn eine Musikdarbietung lediglich von Tanzelementen begleitet wird (s. BGH GRUR 1960, 604, 605 – Eisrevue I).

Zum Vortrags- und Aufführungsrecht gehört ferner das Recht, die Darbietung **300** zeitgleich einem Publikum außerhalb des Darbietungsraumes **wahrnehmbar zu machen, § 19 Abs. 3 UrhG.** Es handelt sich insoweit nicht um eine Sendung im Sinne des § 20 UrhG.

> **Beispiele:** **301**
> Live-Übertragung einer Opernaufführung auf den Platz vor dem Opernhaus; Übertragung einer Vorlesung in einen weiteren Hörsaal.

An dem Recht aus § 19 Abs. 3 UrhG können separate Nutzungsrechte einge- **302** räumt werden (Schricker/Loewenheim/*v. Ungern-Sternberg*, § 19 Rn. 34). Ob mit dem Vortrags- oder Aufführungsrecht zugleich auch das Recht aus § 19 Abs. 3 UrhG lizenziert wurde, ist deshalb eine Frage der jeweiligen Vertragsgestaltung (s. auch § 37 Abs. 3 UrhG).

bb) Vorführung (§ 19 Abs. 4 UrhG). Bei der Vorführung werden Werke der bil- **303** denden Künste, Lichtbildwerke (einschließlich Lichtbilder, § 72 UrhG), Filmwerke oder wissenschaftliche oder technische Darstellungen vor Publikum mittels technischer Einrichtungen öffentlich wahrnehmbar gemacht (Schricker/Loewenheim/*v. Ungern-Sternberg*, § 19 Rn. 40).

> **Beispiele:** **304**
> Abspielen eines Filmwerkes (§ 2 Abs. 1 Nr. 6 UrhG); Projektion von Dias (§ 2 Abs. 1 Nr. 5 UrhG) oder Konstruktionszeichnungen (§ 2 Abs. 1 Nr. 7 UrhG).

Das **Vorführungsrecht** bezieht sich nur auf die genannten Werkarten. Das Ab- **305** spielen einer Musik-CD unterfällt deshalb nicht § 19 Abs. 4 UrhG, sondern § 21 UrhG. **Schwierigkeiten** bereitet dies bei der Vorführung eines Filmes. Hinsichtlich der Filmmusik und des dem Film zugrunde liegenden Drehbuchs und ggf. des Romans handelt es sich um eine Wiedergabe durch Bild- oder Tonträger (§ 21 UrhG), in Bezug auf das Filmwerk als solches dagegen um eine Vorführung nach § 19 Abs. 4 UrhG. Beide Vorschriften kommen also parallel zur Anwendung (str., näher zum Streitstand Schricker/Loewenheim/*v. Ungern-Sternberg*, § 19 Rn. 38 f.).

306 **c) Recht der Wiedergabe durch Bild- oder Tonträger (§ 21 UrhG).** Die Darbietung eines Sprach- oder Musikwerkes bzw. eines Bühnenstückes durch Abspielen einer Aufzeichnung ist weder Vortrag noch Aufführung im Sinne des § 19 Abs. 1 und 2 UrhG, weil sie nicht durch unmittelbar vor dem Publikum agierende Darbietende erfolgt (s. Rn. 292). Diese Möglichkeit der Werkverwertung ist dem Urheber aber als Recht der Wiedergabe durch Bild- oder Tonträger vorbehalten. Es handelt sich dabei um ein sog. Zweitverwertungsrecht, da es an eine vorherige Erstverwertung – hier die in der Fixierung auf dem Bild- oder Tonträger liegende Vervielfältigung (§ 16 UrhG) des Werkes – anknüpft. Wie Vortrag und Aufführung muss die Wiedergabe des Bild- oder Tonträgers in der Öffentlichkeit (§ 15 Abs. 3 UrhG) erfolgen.

307 **Beispiel:**
Abspielen von Musik-CDs in Diskotheken, Restaurants, Kaufhäusern

308 Entgegen des insoweit missverständlichen Wortlauts setzt § 21 UrhG nicht voraus, dass das Sprach- oder Musikwerk bzw. Bühnenstück bei seiner Aufzeichnung auf den Bild- oder Tonträger vorgetragen bzw. aufgeführt im Sinne des § 19 Abs. 1 oder 2 UrhG wurde (Wandtke/Bullinger/*Ehrhardt*, § 21 Rn. 4). Anderenfalls wäre die öffentliche Wiedergabe einer ohne Publikum (d. h. nichtöffentlich) erfolgten Aufzeichnung, etwa in einem Tonstudio, nicht von § 21 UrhG umfasst. Der Verweis auf den Vortrag bzw. die Aufführung beschränkt lediglich die von § 21 UrhG erfassten Werkarten (Sprach- und Musikwerke sowie pantomimische Werke, § 2 Abs. 1 Nr. 1 bis 3 UrhG) und grenzt das Recht der Wiedergabe durch Bild- oder Tonträger vom Vorführungsrecht (§ 19 Abs. 4 UrhG) ab, das insb. die Vorführung eines Filmes umfasst (Schricker/Loewenheim/*v. Ungern-Sternberg*, § 21 Rn. 4 f.).

309 Das Recht der Wiedergabe durch Bild- und Tonträger umfasst (wie das Vortrags- und Aufführungsrecht, § 19 Abs. 1 und 2 UrhG, sowie das Recht der Wiedergabe von Funksendungen und von öffentlicher Zugänglichmachung, § 22 UrhG) die Übertragung der Wiedergabe nach außerhalb des Wiedergaberaumes (§ 21 S. 2 UrhG i.V.m. § 19 Abs. 3 UrhG, s. o. Rn. 300 ff.).

310 **d) Senderecht (§§ 20–20b UrhG) – aa) Sendung.** Bei einer Sendung wird das Werk der Öffentlichkeit durch Funk zugänglich gemacht. Dies meint jede Übertragung von Zeichen, Tönen oder Bildern durch elektromagnetische Wellen, die von einer Sendestelle ausgesandt werden und an anderen Orten von einer beliebigen Zahl von Empfangsanlagen aufgefangen und wieder in Zeichen, Töne oder Bilder zurückverwandelt werden können (amtl. Begr. zu § 20, BT-Dr. IV/270, S. 50).

Verwertungshandlung beim Senderecht ist das Ausstrahlen der Sendung; auf **311** ihren Empfang kommt es dagegen nicht an (*Schack*, Rn. 452). Es genügt, dass Mitglieder der Öffentlichkeit die Möglichkeit haben, die Ausstrahlung zu empfangen (*Dreier*/Schulze, § 20 Rn. 11). Die Verwertungshandlung nimmt derjenige vor (Sendender), der die Kontrolle und Verantwortung über die Aussendung der programmtragenden Signale hat (*Dreier*/Schulze, § 20 Rn. 11).

Die Sendung kann, wie die beispielhafte Aufzählung in § 20 UrhG zeigt, durch **312** beliebige Formen des Rundfunks erfolgen. Es spielt deshalb keine Rolle, ob die Sendung analog oder digital, drahtlos oder drahtgebunden, frei empfangbar oder verschlüsselt, terrestrisch oder via Satellit erfolgt (*Dreier*/Schulze, § 20 Rn. 7). Das Senderecht ist also völlig technologieneutral. Auch der Live-Stream im Internet und IP-TV sind Sendungen im Sinne des § 20 UrhG, die lediglich zu den sog. On-Demand-Angeboten, bei denen die Übertragung des Werkes erst auf Abruf durch den Nutzer erfolgt und folglich nicht vom Sendenden ausgeht, abzugrenzen sind (*Dreier*/Schulze, § 20 Rn. 7; näher u. Rn. 327).

Da Rundfunkwellen an Staatsgrenzen nicht Halt machen, stellte sich die Frage, **313** welche Rechtsordnung anzuwenden ist, besonders dringlich. Bedeutsam ist dies insbesondere für die Lizenzierung des Sendematerials. Da Verwertungshandlung beim Senderecht die Ausstrahlung des Werkes ist, kommt es grundsätzlich auf den Sitz des Sendenden an (sog. **Sendelandprinzip**, BGH GRUR 2003, 328, 329 – Sender Felsberg). Unbeabsichtigtes Überstrahlen in angrenzende Staaten bleibt – da technisch nicht zu vermeiden – unberücksichtigt (Schricker/Loewenheim/*v. Ungern-Sternberg*, Vor §§ 20 ff. Rn. 52). Es genügt somit der Erwerb der Senderechte für das Sendeland. Problematisch wird es hingegen, wenn gezielt in ein Nachbarland gesendet wird. Hier wird teilweise vertreten, dass es *zusätzlich* auf das Recht des Empfangslandes ankommt und deshalb auch für dessen Gebiet Senderechte zu erwerben sind (instruktiv öOGH GRUR Int. 1991, 920 – TELE-UNO II). Besonders relevant ist diese Frage bei der Ausstrahlung über Direktempfangssatelliten (näher Rn. 314).

Mit dem Aufkommen des direkt empfangbaren Satelliten-Rundfunks ver- **314** schärfte sich die Frage, welches nationale Recht auf die Sendung anzuwenden ist, wenn das Versorgungsgebiet des Satelliten (die sog. „Ausleuchtzone") – wie regelmäßig – verschiedene Länder umfasst. Während einige auch hier ausschließlich das Sendelandprinzip anwenden wollen, kommt die Gegenauffassung zur Anwendung aller betroffenen Rechtsordnungen (nach dem ehemaligen Generaldirektor der WIPO auch „Bogsch-Theorie" genannt), so dass die Senderechte für sämtliche Länder in der Ausleuchtzone des Satelliten erworben werden müssten, sofern nicht mit technischen Mitteln (insb. Verschlüsselung) der Empfangsbereich eingeschränkt wird (näher zum Streitstand Schricker/ Loewenheim/*v. Ungern-Sternberg*, Vor §§ 20 ff. Rn. 48 ff.).

315 **bb) Kabelfunk.** Die weite Fassung des Senderechts führt zu Problemen bei der drahtgebundenen Weiterleitung von Funksendungen. Strenggenommen liegt bereits dann eine Sendung vor, wenn an einer Antenne mehrere Empfangsgeräte angeschlossen sind. Dies führt zu erheblichen Problemen bei Gemeinschaftsantennenanlagen (eingehend Schricker/Loewenheim/*v. Ungern-Sternberg*, § 20 Rn. 27 ff.). Jedenfalls der Betrieb kleinerer Gemeinschaftsantennenanlagen soll nicht unter das Senderecht fallen, wobei sich dies nicht aus technischen Gegebenheiten ergibt, sondern aus einer wertenden Betrachtung (s. BGH GRUR 2010, 530, Rn. 19 – Regio-Vertrag).

316 Jenseits dieser teleologischen Einschränkungen bleibt es aber dabei, dass grundsätzlich jede Weiterleitung einer Sendung ihrerseits Sendung ist (vgl. auch § 20b UrhG). Insbesondere tritt keine Erschöpfung des Senderechts ein (unzutreffend insoweit BGH GRUR 1981, 413, 416 – Kabelfernsehen im Abschattungsgebiet; anders nunmehr in BGH GRUR 2000, 699 – Kabelweitersendung). Die Verteilung des Funksignals innerhalb eines Hotels, eines Krankenhauses oder einer Justizvollzugsanstalt (BGH GRUR 1994, 45 – Verteileranlagen) ist Sendung, ebenso die Einspeisung in ein Kabelfernsehnetz, selbst wenn die Kabelteilnehmer dasselbe Programm auch terrestrisch empfangen könnten (BGH GRUR 2000, 699, 700 – Kabelweitersendung).

317 **cc) Europäische Satellitensendung (§ 20a UrhG).** Für die **Europäische Satellitensendung** (Definition in § 20a Abs. 3 UrhG) gilt kraft Gesetzes die Sendelandtheorie. Wer innerhalb der EU und des EWR ein geschütztes Werk über Satelliten sendet, bedarf dazu folglich nicht der Senderechte in jedem einzelnen Empfangsland, sondern allein der Rechte für das Sendeland. Insoweit hat der Streit um die Anwendung der Sende- oder Empfangslandtheorie (s. Rn. 313) innerhalb der EU/des EWR erledigt. Außerhalb dieses Gebietes bleibt er freilich weiterhin aktuell.

318 **e) Recht der öffentlichen Zugänglichmachung (§ 19a UrhG).** Das Recht der öffentlichen Zugänglichmachung ist die Befugnis, ein Werk der Öffentlichkeit zum elektronischen Abruf zur Verfügung zu stellen.

319 **Beispiele:**
- A stellt eine Fotografie auf seiner Homepage zum Download bereit.
- B hinterlegt ein Musikstück auf einem öffentlich zugänglichen Server.
- C ermöglicht anderen im Rahmen eines peer-to-peer-Netzwerkes („Tauschbörse") den Download eines Filmes von seiner Festplatte.

Vor der Einfügung des § 19a UrhG in das UrhG im Jahre 2003 war umstritten, **320**
wie die Schaffung einer Möglichkeit zum Download eines Werkes rechtlich ein-
zuordnen ist (näher Loewenheim/*Hoeren,* § 21 Rn. 54–59). Um eine Sendung
(§ 20 UrhG) handelt es sich nicht, da dort die Ausstrahlung des Werkes vom
Sendenden vorgenommen und gesteuert wird und die potentiellen Empfänger
gleichzeitig erreicht, hier hingegen der Download auf Veranlassung der Nutzer
und zu unterschiedlichen Zeitpunkten erfolgt. Eine Verbreitung (§ 17 Abs. 1
UrhG) des Werkes liegt nicht vor, da hierfür körperliche Werkexemplare in Um-
lauf gebracht oder zumindest angeboten werden müssen (s. Rn. 245). Und
schließlich ist zwar das Herunterladen (Download) stets, das Einstellen (Upload)
häufig eine Vervielfältigung, doch folgt diese der Schaffung einer Möglichkeit
zum Download nach bzw. geht ihr voraus, ohne das Bereitstellen als solches zu
erfassen. Außerdem kommt für die Vervielfältigung ein Eingreifen von Schranken (§ 53 Abs. 1 UrhG) in Betracht (s. näher Rn. 358 ff.). Richtigerweise handelte
es sich beim Bereitstellen eines Werkes zum Abruf vor Einfügung des § 19a UrhG
in das Gesetz deshalb schlicht um einen unbenannten Fall der öffentlichen Wiedergabe (§ 15 Abs. 2 UrhG).

Verwertungshandlung beim öffentlichen Zugänglichmachen ist bereits das Be- **321**
reitstellen des Werkes zum Abruf durch Mitglieder der Öffentlichkeit (BGH
GRUR 2010, 628, Rn. 19 f. – Vorschaubilder), d. h. durch Personen, die weder
untereinander noch zum Bereitstellenden durch persönliche Beziehungen verbunden sind (§ 15 Abs. 3 UrhG). Das Werk muss dadurch weder weltweit oder
jedem zugänglich sein, sondern es genügt, dass die potentiellen Nutzer die Öffentlichkeit repräsentieren (*Dreier*/Schulze, § 19a Rn. 7).

> **Beispiele:** **322**
> Einstellen eines Werkes auf eine Website; Einstellen des Werkes in das uni-
> versitäts- oder unternehmensinterne Intranet.

Lediglich Handlungen im privaten Kreis fallen nicht darunter.

> **Beispiel:** **323**
> M gibt seine Musikbibliothek innerhalb seines privaten Heimnetzwerkes für
> sich und seine Familienangehörigen frei.

Zugangshindernisse wie Passwörter oder die Notwendigkeit einer vorherigen **324**
Registrierung, ggf. auch gegen Entgelt, stehen der öffentlichen Zugänglichmachung nur entgegen, wenn dadurch die Möglichkeit des Abrufs *wirksam* auf
durch persönliche Beziehungen verbundene Personen beschränkt und dadurch die Öffentlichkeit ausgeschlossen wird (Wandtke/*Bullinger,* § 19a Rn. 6).

325   Das Werk ist öffentlich zugänglich gemacht, wenn die **Möglichkeit** des Abrufs besteht; auf einen tatsächlichen Download kommt es nicht an (Wandtke/*Bullinger*, § 19a Rn. 10). Unerheblich ist auch die Art der Abrufmöglichkeit. Das Recht der öffentlichen Zugänglichmachung ist technologieneutral und umfasst alle denkbaren drahtgebundenen (LAN, DSL, ISDN, analoges Telefon etc.) und drahtlosen (WLAN, UMTS etc.) Abrufwege (*Dreier*/Schulze, § 19a Rn. 6).

326   Wesentlich für die öffentliche Zugänglichmachung ist die Möglichkeit des Abrufs des Werkes durch Mitglieder der Öffentlichkeit **an Orten und zu Zeiten ihrer Wahl**. Das Werk muss dazu potentiell von unterschiedlichen Orten aus abgerufen werden können. Diesem Erfordernis wird insbesondere das grundsätzlich weltweiten Zugriff erlaubende Internet gerecht. Doch auch kleinere Kommunikationsnetze, beispielsweise unternehmens- oder universitätsintern, erfüllen diese Voraussetzungen (Wandtke/*Bullinger*, § 19a Rn. 7 f.).

327   Darüber hinaus muss die Wahl des **Zeitpunkts** des Abrufs dem Abrufenden obliegen. Durch dieses Merkmal unterscheidet sich die öffentliche Zugänglichmachung von der Sendung (§ 20 UrhG), bei der die Ausstrahlung und damit der Zeitpunkt der Empfangsmöglichkeit vom Sendenden gesteuert wird (s. Rn. 311). Es ist deshalb in jedem Einzelfall danach zu fragen, ob der Abrufende den Zeitpunkt des Abrufs des Werkes selbst festlegen konnte. Die Übertragung eines Radio- oder Fernsehprogramms in Echtzeit über das Internet (Web-TV, IP-TV, Web-Radio) ist deshalb Sendung im Sinne des § 20 UrhG (s. Rn. 312). Der Nutzer kann nur entscheiden, *ob* er die Sendung empfangen möchte, nicht aber, *zu welchem Zeitpunkt*. Gleiches gilt für die klassischen Pay-TV-Sender (beispielsweise Sky), bei denen das Abonnement lediglich die Entschlüsselung des gleichwohl kontinuierlich gesendeten Programms erlaubt. Demgegenüber unterliegen Online-Videotheken als sog. On-Demand-Angebote dem Recht der öffentlichen Zugänglichmachung, weil hier der Zeitpunkt des Abrufs vom Willen des Nutzers abhängig ist.

328   Für die öffentliche Zugänglichmachung genügt es, dass das Werk für einen kurzen Zeitraum abrufbar ist (Schricker/Loewenheim/*v. Ungern-Sternberg*, § 19a Rn. 44). Es muss weder dauerhaft noch für einen längeren Zeitraum zugänglich sein. Deshalb verletzt derjenige das Recht der öffentlichen Zugänglichmachung, der während des Downloads eines Werkes über ein peer-to-peer-Netzwerk (BitTorrent etc.) zugleich die bereits empfangenen Fragmente sowie möglicherweise weitere auf seiner Festplatte gespeicherte weitere Werke zum Download anbietet. Bei den meisten Tauschbörsenclients ist das die Voreinstellung oder sogar zwingende Voraussetzung für einen Download. Da der Nutzer in aller Regel nicht über das Recht der öffentlichen Zugänglichmachung der betroffenen Werke verfügt und die Schranke des § 53 Abs. 1 UrhG (Privatkopie) dafür niemals eingreift (s. Rn. 369), ist dies rechtswidrig (s. *Dreier*/Schulze, § 53 Rn. 11).

Spezielle Dienstleister sind in der Lage, die IP-Adressen der Internetanschlüsse zu ermitteln, über die Werke öffentlich zugänglich gemacht wurden. Mittels eines Auskunftsanspruchs gegenüber dem Provider (§ 101 Abs. 2 UrhG) lässt sich der Anschlussinhaber feststellen. Dieser haftet jedenfalls als Störer auf Unterlassung zukünftiger Rechtsverletzungen, auch wenn er selbst keine Uploads vorgenommen hat (s. BGH GRUR 2010, 633 – Sommer unseres Lebens; näher u. Rn. 499 ff.). Hier drohen nicht unerhebliche Anwaltskosten (s. u. Rn. 517 ff.). Der Anschlussinhaber muss folglich sicherstellen, dass über seinen Anschluss keine Rechtsverletzungen geschehen. Der „geteilte" Internetanschluss in der Wohngemeinschaft oder ein im Interesse der Nachbarn unverschlüsseltes WLAN bergen deshalb erhebliche Haftungsrisiken.

329 Wer dagegen lediglich einen Hyperlink auf ein bereits öffentlich zugänglich gemachtes Werk setzt (beispielsweise eine Download-Möglichkeit auf einer fremden Website verlinkt), macht das dort vorgehaltene Werk nicht auch selbst öffentlich zugänglich im Sinne des § 19a UrhG, denn er verweist lediglich auf das Werk. Dadurch wird zwar möglicherweise der Zugang zum Werk erleichtert, jedoch weder das geschützte Werk selbst öffentlich zum Abruf bereitgehalten, noch auf Abruf an Dritte übermittelt (BGH GRUR 2003, 958, 962 – Paperboy). Anderes gilt allerdings, wenn durch technische Schutzmaßnahmen der Zugang zum verlinkten Werk beschränkt war und diese Beschränkung durch den Hyperlink umgangen wird (GRUR 2011, 56, Rn. 27 – Session-ID). Das Setzen eines Hyperlinks kann daneben im Einzelfall eine Haftung als Teilnehmer an einer Urheberrechtsverletzung oder als Störer begründen (BGH GRUR 2003, 958 – Paperboy; näher Rn. 499 ff.).

330 **Beispiel (nach BGH GRUR 2011, 56 – Session-ID):**
K bietet auf seiner Internetseite elektronische Stadtpläne an. Die private Nutzung ist frei, die gewerbliche Nutzung dagegen nur gegen Entgelt erlaubt. Den Zugriff auf das Kartenmaterial hat K deshalb mittels einer technischen Maßnahme (einer sog. Session-ID) beschränkt. B betreibt ein Wohnungsunternehmen und macht ihren Kunden Stadtplanausschnitte für die angebotenen Objekte zugänglich, indem sie durch eine spezielle Programmroutine

den Schutz der Website des K umgeht. Der BGH sieht darin einen Eingriff in § 19a UrhG. Wer einen Hyperlink setzt, der derartige Schutzmaßnahmen umgeht, eröffnet einen Zugang zum Werk, der ansonsten für diese Nutzer oder auf diesem Weg nicht bestünde (BGH GRUR 2011, 56, Rn. 27 – Session-ID).

331   Das Recht der öffentlichen Zugänglichmachung unterliegt nicht der Erschöpfung (Schricker/Loewenheim/*v. Ungern-Sternberg*, § 19a Rn. 5). Auch ein rechtmäßig heruntergeladenes Werk, etwa bei iTunes oder Musicload, darf deshalb ebenso wenig wieder öffentlich zugänglich gemacht werden, wie ein von einer CD digitalisiertes („geripptes") Musikstück.

332   **f) Recht der Wiedergabe von Funksendungen und von öffentlicher Zugänglichmachung (§ 22 UrhG).** Das Recht der Wiedergabe von Funksendungen und von öffentlicher Zugänglichmachung bildet die Parallele zum Recht der Wiedergabe von Bild- und Tonträgern (§ 21 UrhG). Hier wird eine empfangene Funksendung (§ 20 UrhG) bzw. eine abgerufene öffentliche Zugänglichmachung (§ 19a UrhG) öffentlich (§ 15 Abs. 3 UrhG) wahrnehmbar gemacht.

333   **Beispiele:**
Wiedergabe des laufenden Radio- oder Fernsehprogramms in einer Gaststätte oder in einem Gemeinschaftsraum im Krankenhaus; „public viewing" eines Spielfilms; Wiedergabe eines Youtube-Videos.

334   Nach teilweise vertretener Ansicht erfasst § 22 S. 1 UrhG nicht nur die zeitgleiche Wiedergabe, sondern auch die spätere Wiedergabe einer selbst angefertigten Aufzeichnung der Funksendung oder öffentlichen Zugänglichmachung. Nach anderer Ansicht sind bei der Wiedergabe einer Aufzeichnung § 21 UrhG bzw. § 19 Abs. 4 UrhG einschlägig (näher mit Nachw. zum Streitstand Schricker/Loewenheim/*v. Ungern-Sternberg*, § 22 Rn. 8).

335   Das Recht der Wiedergabe von Funksendungen und von öffentlicher Zugänglichmachung umfasst (wie das Vortrags- und Aufführungsrecht, § 19 Abs. 1 und 2 UrhG sowie das Recht der Wiedergabe durch Bild- und Tonträger, § 20 UrhG) die Übertragung nach außerhalb des Wiedergaberaumes (§ 22 S. 2 UrhG i.V.m. § 19 Abs. 3 UrhG, s. Rn. 300).

336   **Beispiel:**
Übertragung der Wiedergabe des laufenden Fernsehprogramms in einem zweiten Gast- oder Gemeinschaftsraum.

g) Bearbeitungsrecht (§ 23 UrhG). Dem Urheber ist es vorbehalten, Bearbeitungen und sonstige Umgestaltungen (§ 3 UrhG) seines Werkes zu veröffentlichen oder zu verwerten (§ 23 S. 1 UrhG). Dagegen ist die Herstellung der Bearbeitung oder Umgestaltung grundsätzlich frei. Ausgenommen von dieser Herstellungsfreiheit sind jedoch die in § 23 S. 2 UrhG ausdrücklich und abschließend aufgeführten Werkarten. Wer die dort genannten Handlungen vornehmen will, benötigt bereits dafür die Zustimmung des Urhebers, auch wenn sich die Handlung ausschließlich im privaten Bereich abspielt. **337**

Das Bearbeitungsrecht des Urhebers (§ 23 UrhG) ist streng zu unterscheiden von dem durch die Bearbeitung entstehenden Bearbeiter*urheber*recht für den Bearbeitenden. Dieses entsteht auch ohne Zustimmung des Urhebers der benutzten Vorlage, doch kann es ohne diese nicht verwertet werden (näher Rn. 105). **338**

IV. Beteiligungs- und Vergütungsansprüche

1. Folgerecht (§ 26 UrhG). Während die Urheber von Sprach- und Musikwerken typischerweise fortlaufend finanziell von Verwertungshandlungen (Vervielfältigung, öffentliche Wiedergabe) profitieren, sind die Schöpfer von Werken der bildenden Kunst auf die erstmalige Veräußerung ihrer Werke beschränkt. Gerade bei (noch) unbekannten Künstlern sind die dabei erzielbaren Erlöse häufig gering. Im Laufe der Zeit und oft erst nach dem Tode des Künstlers eintretende Wertsteigerungen kommen nicht ihm oder seinen Erben, sondern dem Werkeigentümer sowie dem Galeristen und Auktionator zugute (Schricker/Loewenheim/*Katzenberger*, § 26 Rn. 7). **339**

Das deutsche Urheberrecht sieht als (teilweise) **Kompensation** das sog. Folgerecht (§ 26 UrhG) vor. Dieses beteiligt den Urheber an Erlösen aus der Weiterveräußerung seines Werkes. Obwohl das Verbreitungsrecht erschöpft ist (§ 17 Abs. 2 UrhG), gewährt es ihm für die Dauer des Urheberrechts eine finanzielle Beteiligung am Wert seines Werkes. **340**

Nicht alle Rechtsordnungen kennen ein Folgerecht. Dies erklärt, dass sich bestimmte Länder (insb. USA und Schweiz) als bevorzugte Orte für Kunstauktionen etabliert haben. Innerhalb der EU hat die Folgerechtsrichtlinie (2001/84/EG) für eine gewisse Vereinheitlichung gesorgt. Deren Einführung und Umsetzung hat **341** in einigen Mitgliedstaaten (etwa Großbritannien) erheblichen Widerstand erfahren, weil man einen Standortvorteil nicht aufgeben wollte (*Schack*, Rn. 499). So wurden nach einer Studie der European Fine Art Foundation (EFAF) im Jahre 2003 ein Viertel aller Kunstverkaufsumsätze über 200.000 € in London und nur 7,4 % in den sechs europäischen Staaten mit bereits kodifiziertem Folgerecht getätigt. 60 % entfielen auf New York. Bis heute gibt es in den USA, abgesehen von Kalifornien, kein Folgerecht (*Schack*, Rn. 499, Fn. 56).

342   Das **Folgerecht gilt für Werke** der bildenden Kunst, ausgenommen jedoch Werke der Baukunst und angewandten Kunst (§ 26 Abs. 8 UrhG), sowie für Lichtbildwerke, § 26 Abs. 1 S. 1 UrhG. Es erfasst nur die Veräußerung von Originalen solcher Werke. Das sind zum einen vom Urheber eigenhändig geschaffene Verkörperungen seiner Werke, ferner aber auch Vervielfältigungsstücke, die vom Urheber durch Signierung, fortlaufende Nummerierung etc. als Original autorisiert wurden (Dreier/*Schulze*, § 25 Rn. 10).

343   **Beispiel:**
100 fortlaufend nummerierte Abzüge einer Lithografie.

344   Die das Folgerecht **auslösende Handlung** ist die Weiterveräußerung des Werkes unter Beteiligung eines professionellen Käufers bzw. Verkäufers (Kunsthändler) oder Vermittlers (Makler, Auktionator, Galerist). Ein Folgerechtsanspruch ist deshalb nur bei nicht bei privat abgeschlossenen Geschäften unter Privaten ausgeschlossen. Veräußerung im Sinne des Folgerechts ist das aus dem schuldrechtlichen Verpflichtungs- und dem dinglichen Verfügungsgeschäft bestehende Veräußerungsgeschäft (BGH GRUR 2008, 989, Rn. 31 – Sammlung Ahlers). Es muss auf die endgültige Eigentumsübertragung gerichtet sein, so dass etwa eine Sicherungsübereignung nicht dazu zählt (Dreier/*Schulze*, § 26 Rn. 14).

345   Das Folgerecht gewährt dem Urheber (bzw. dessen Erben) eine **prozentuale Beteiligung** (Staffelung in § 26 Abs. 2 S. 1 UrhG) am Veräußerungserlös, d. h. am Nettoverkaufspreis (§ 26 Abs. 1 S. 2 UrhG). Dabei ist unerheblich, ob der Wert des Werkes gestiegen, also ein Wertzuwachs eingetreten ist. Der Folgerechtsanspruch entsteht deshalb auch bei gleichbleibendem oder sogar sinkendem Wert des Werkes (Dreier/*Schulze*, § 26 Rn. 17).

346   Bei einem Erlös von weniger als 400 € **entfällt der Anspruch** (§ 26 Abs. 1 S. 4 UrhG). Dies soll den Galeristen junger, unbekannter Künstler entgegen kommen (Fromm/Nordemann/*W. Nordemann*, § 26 Rn. 29). Außerdem ist der Folgerechtsanspruch auf 12.500 € je Weiterveräußerung beschränkt (§ 26 Abs. 2

S. 2 UrhG), was einem Veräußerungserlös von 2 Mio. Euro entspricht (Dreier/ *Schulze*, § 26 Rn. 17). Von höheren Erlösen profitiert der Urheber somit nicht mehr.

Schuldner des Anspruchs ist stets der Veräußerer (§ 26 Abs. 1 S. 1 UrhG). Falls **347** dies ein Privater ist, haftet im Außerverhältnis neben ihm der professionelle Erwerber oder Vermittler (§ 26 Abs. 1 S. 3 UrhG). Zur Durchsetzung gewährt das UrhG dem Urheber Auskunftsansprüche (§ 26 Abs. 4 und 5 UrhG), die allerdings nur von einer Verwertungsgesellschaft durchgesetzt werden können (§ 26 Abs. 6 UrhG).

2. Vergütungsansprüche. Das subjektive Urheberrecht ist ein Ausschließlich- **348** keitsrecht, mit dessen Hilfe der Urheber andere von der Nutzung seines Werkes ausschließen und die Erlaubnis zur Nutzung von der Zahlung eines Entgelts abhängig machen kann. Dennoch sind Sachverhalte denkbar, die im Interesse Dritter oder der Allgemeinheit eine erlaubnisfreie Nutzung fordern. Als Eigentumsrecht unterliegt auch das Urheberrecht der Sozialbindung (Art. 14 Abs. 2 GG, s. o. Rn. 6). Das Gesetz trägt dem durch eine partielle Einschränkung des Ausschließlichkeitsrechts zugunsten einer erlaubnisfreien Nutzung des Werkes Rechnung.

Bis 1965 kannte das Gesetz lediglich die Alternativen Ausschließlichkeitsrecht **349** und erlaubnisfreie Nutzung (*Schack*, Rn. 475). Das UrhG hat daran im Grundsatz festgehalten, jedoch für den Fall der erlaubnisfreien Nutzung zunehmend **Vergütungsansprüche** geschaffen. Die ausnahmsweise Beschränkung des Ausschließlichkeitsrechts wird (zumindest in wirtschaftlicher Hinsicht) kompensiert durch die Gewährung eines Vergütungsanspruchs. Im Prinzip handelt es sich dabei um eine gesetzliche Lizenz (*Schack*, Rn. 476, 480).

Vergütungsansprüche finden sich verteilt im gesamten UrhG. **Beispiele** sind **350** die Vergütung für Vermietung und Verleihen (§ 17 UrhG, s. Rn. 272), für unbekannte Nutzungsarten (§ 32c UrhG, s. Rn. 555) sowie für Vervielfältigungen zum eigenen Gebrauch (§ 54 UrhG, s. Rn. 360). Einige erlaubnisfreie Nutzungen sind nach wie vor vergütungsfrei.

5. Kapitel   **Schranken des Urheberrechts**

I.   Grundlagen

351   Der **Schutzumfang** des subjektiven Urheberrechts ist nicht grenzenlos, sondern unterliegt Beschränkungen, den sog. Schranken des Urheberrechts. Diese sind notwendig, um berechtigte Interessen der Allgemeinheit oder spezieller Nutzungsgruppen an der erlaubnisfreien Nutzung des Werkes angemessen zu berücksichtigen (BGH GRUR 2003, 956, 957 – Gies-Adler). Wie das Sacheigentum unterliegt auch das Urheberrecht der Ausgestaltung durch die Rechtsordnung sowie der Sozialbindung (Art. 14 Abs. 1 S. 2, Abs. 2 GG; BVerfGE 31, 229). Das Ausschließlichkeitsrecht des Urheber reicht deshalb nur so weit, wie es durch die Rechtsordnung gewährt wird.

Bei der Beurteilung eines urheberrechtlichen Sachverhalts sind daher stets die Schranken des Urheberrechts im Blick zu behalten.

352   Die meisten **Schranken** finden sich enumerativ in den §§ 44a bis 63a UrhG sowie für Computerprogramme in §§ 69d, 69e UrhG. In diesen Vorschriften sind die Einschränkungen der urheberrechtlichen Befugnisse detailliert und abschließend geregelt. Im Gegensatz zu anderen Rechtsordnungen (etwa dem US-amerikanischen Recht mit der fair-use-Doktrin) kennt das deutsche Urheberrecht keine „Schrankengeneralklausel". Dies hat (meist) den Vorteil der Rechtsklarheit, stößt aber aufgrund fehlender Flexibilität gelegentlich auf Probleme bei der sachgerechten Erfassung des technischen Fortschritts (*Schack*, Rn. 533 ff.).

353   **Beispiele:**
Abbildung einer urheberrechtlich geschützten Produktverpackung zur Werbung für das Produkt (BGH GRUR 2001, 51 – Parfumflakon, s. Rn. 257; Anzeige von verkleinerten Vorschaubildern (sog. „Thumbnails") durch eine Bildersuchmaschine (BGH GRUR 2010, 628 – Vorschaubilder).

354   Die urheberrechtlichen Schranken sollen im Grundsatz eng, d. h. zugunsten des Urhebers, auszulegen sein, um dessen Ausschließlichkeitsrecht möglichst wenig zu beeinträchtigen (BGH GRUR 2001, 51, 52 – Parfumflakon –).

Gleichwohl kann im Einzelfall eine extensive Anwendung einer Schrankenregelung geboten sein (*Dreier*/Schulze, Vor §§ 44a–63a Rn. 7).

Beachte: Einen allgemeinen Auslegungsgrundsatz, Ausnahmevorschriften seien eng auszulegen, gibt es nach zutreffender Ansicht nicht, vgl. hierzu *Würdinger*, JuS 2008, 949 ff.).

Sowohl bei der Auslegung und Anwendung von Schranken (s. BGH GRUR 1999, 707 – Kopienversanddienst) als auch bei einer Neueinführung durch den Gesetzgeber sind **staatsvertragliche** (Art. 9 Abs. 2 RBÜ, Art. 13 TRIPS-Abkommen, Art. 10 Abs. 1 WCT, Art. 16 Abs. 2 WPPT) **und gemeinschaftsrechtliche** (Art. 5 Richtlinie 2001/29/EG [InfoSoc-Richtlinie]) **Bindungen** zu beachten (Schricker/Loewenheim/*Melichar*, Vor §§ 44a ff. Rn. 12 f.). Schrankenregelungen sind danach insbesondere nur erlaubt (sog. Dreistufentest), wenn **355**

- es sich um einen Sonderfall handelt,
- die freie Nutzung die normale Auswertung des Werkes nicht beeinträchtigt wird und
- berechtigte Interessen des Urhebers nicht unzumutbar verletzt werden.

Zur zumindest wirtschaftlichen **Kompensation** der Beschränkung des Ausschließlichkeitsrechts kennt das UrhG eine Reihe von Vergütungpflichten für die erlaubnisfreie Nutzung. Die solchermaßen vergütungpflichtige Schranke gewinnt den Charakter einer gesetzlichen Lizenz (s. Rn. 348 ff.). In manchen Fällen muss der Urheber die Beschränkung seiner Rechte aber auch entschädigungslos hinnehmen. **356**

Keine Schranke im eigentlichen Sinne stellt § 42a UrhG dar. Dieser belässt dem Urheber seine Befugnisse, verpflichtet ihn aber zur Vergabe einer Lizenz an jeden Interessenten (sog. Zwangslizenz). Der Urheber unterliegt also einem Kontrahierungszwang. **357**

II. Vervielfältigung zum privaten und sonstigen eigenen Gebrauch (§ 53 UrhG)

1. Überblick. Vervielfältigungen (§ 16 UrhG) zum privaten und sonstigen eigenen Gebrauch sind in weitem Umfange zulässig. Der Gesetzgeber hatte seinerzeit erkannt, dass im privaten Bereich vorgenommene Vervielfältigungen nicht effektiv zu kontrollieren und zu unterbinden sind (BGH GRUR 1997, 459, 463 – CB-infobank I). Auch sei eine solche Kontrolle im Hinblick auf den damit **358**

verbundenen Einbruch in die Privatsphäre nicht wünschenswert (s. BGH GRUR 1965, 107, 107 f. – Personalausweise).

359 Daraus darf indes nicht abgeleitet werden, „die Privatkopie" müsse stets zulässig sein (näher Fromm/Nordemann/*Czychowski*, § 95b Rn. 2). Gerade im Hinblick auf die technische Weiterentwicklung seit 1965 steht das UrhG nicht per se entgegen, wenn Vervielfältigungen, insbesondere digitale, durch technische Mechanismen (Kopierschutz, Digital Rights Management [DRM]-Systeme) beschränkt oder verhindert werden (*Schack*, Rn. 554; s. auch § 95b UrhG).

360 Zum Ausgleich für die Beschränkung ihres Ausschließlichkeitsrechts gewähren § 54 bis 54c UrhG den von der Schranke betroffenen Urhebern Ansprüche auf Zahlung einer angemessenen **Vergütung**. Diese Ansprüche werden von Verwertungsgesellschaften (beispielsweise der VG WORT für Sprachwerke) kollektiv für die Urheber geltend gemacht und die Einnahmen typischerweise jährlich an diese ausgeschüttet.

361 § 53 UrhG regelt in Abs. 1 die Vervielfältigung zum **privaten** Gebrauch und in den Abs. 2 und 3 die Vervielfältigung zum sonstigen **eigenen** Gebrauch. Die Abs. 4 bis 7 hingegen enthalten Rückausnahmen für einige, an sich nach Abs. 1 bis 3 zulässige Vervielfältigungshandlungen. Diese dürfen bei der praktischen Anwendung des § 53 UrhG nicht übersehen werden.

362 Bis auf eine Ausnahme (§ 53 Abs. 2 S. 1 Nr. 2 UrhG) setzt § 53 UrhG nicht voraus, dass das zu vervielfältigende Werkstück im Eigentum des Vervielfältigenden steht (BGH GRUR 1997, 459, 462 – CB-infobank I). Zulässig ist ferner die Vervielfältigung eines Vervielfältigungsstückes, also die „Kopie von der Kopie".

363 **2. Privater Gebrauch (§ 53 Abs. 1 UrhG).** Zulässig ist die Vervielfältigung zum privaten Gebrauch (§ 53 Abs. 1 S. 1 UrhG), d. h. ausschließlich zum Zwecke der Befriedigung rein persönlicher Bedürfnisse außerberuflicher und außerwirtschaftlicher Art des Vervielfältigenden und der mit ihm durch ein persönliches Band verbundenen Personen (BGH GRUR 1978, 474, 475 – Vervielfältigungsstücke).

364 **Beispiel:**
Überspielen einer Musik-CD auf den MP3-Player zum Hören beim Sport

365 Die Anfertigung von Kopien zu Ausbildungszwecken, beruflichen oder Erwerbszwecken ist dagegen kein privater Gebrauch (Fromm/Nordemann/ *W. Nordemann*, § 53 Rn. 8), sondern ggf. nach § 53 Abs. 2 oder 3 UrhG zulässig.

Beispiele: 366
1. Student S und Rechtsanwalt R kopieren für ihre Arbeit einen Aufsatz aus der NJW; D ist nebenberuflich DJ und möchte geliehene Original-CDs zum Zwecke der späteren Verwendung bei einem Auftritt kopieren. – Alle Vervielfältigungen sind nicht nach § 53 Abs. 1 UrhG zulässig, da S, R und D Erwerbszwecke verfolgen (beachte aber § 53 Abs. 2, Abs. 3 UrhG).
2. Die öffentliche Wiedergabe der Kopien der Musik-CDs ist wegen § 53 Abs. 6 UrhG ohnehin stets unzulässig (s. Rn. 381).

Juristische Personen können keinen privaten Gebrauch vornehmen und sich 367 deshalb niemals auf § 53 Abs. 1 UrhG (BGH GRUR 1978, 474, 476 – Vervielfältigungsstücke), sondern nur auf § 53 Abs. 2 und 3 UrhG berufen.

Zulässig ist die Herstellung **einzelner** Vervielfältigungsstücke, nach der Recht- 368 sprechung bis zu sieben (BGH GRUR 1978, 474, 476 – Vervielfältigungsstücke). Die Literatur ist überwiegend nicht so großzügig (*Dreier*/Schulze, § 53 Rn. 9). Die Vervielfältigung kann auf beliebigen Trägern und in beliebigen analogen und digitalen Verfahren erfolgen (BT-Dr. 15/38, S. 20).

Die bei der Vervielfältigung verwendete Vorlage darf weder **offensichtlich rechts-** 369 **widrig** hergestellt noch offensichtlich rechtswidrig öffentlich zugänglich gemacht worden sein. Maßgeblich ist dabei die subjektive Sicht des Nutzers (BT-Dr. 16/1828, S. 26). Von großer praktischer Bedeutung ist dies im Zusammenhang mit den sog. „Tauschbörsen" im Internet. Da das Recht der öffentlichen Zugänglichmachung (§ 19a UrhG) nicht unter die Schranken des § 53 UrhG fällt, sind die von den Teilnehmern zum Download angebotenen Musik- oder Filmwerke in aller Regel rechtswidrig öffentlich zugänglich gemacht (s. o. Rn. 328). Unzulässig ist die Privatkopie durch den Herunterladenden aber nur, wenn das Zugänglichmachen auch *offensichtlich* rechtswidrig erfolgte. Insbesondere bei aktuellen Werken, ggf. noch vor dem Verkaufs- oder Kinostart, ist dies regelmäßig der Fall. Angesichts der zunehmend unter freier Lizenz verbreiteten Werke mag dem insoweit beweisbelasteten Rechtsinhaber (BT-Dr. 16/1828, S. 26) im Einzelfall der Nachweis der Offensichtlichkeit gleichwohl nicht leicht fallen.

Der zur Vervielfältigung Befugte muss die Vervielfältigung nicht selbst vorneh- 370 men, sondern darf die Vervielfältigungsstücke auch von einem Dritten herstellen lassen (§ 53 Abs. 1 S. 2 UrhG). Sofern es **unentgeltlich** geschieht (Var. 1), gilt dies für sämtliche Werke und Verfahren. Der Ersatz von Aufwendungen und Unkosten steht dabei der Unentgeltlichkeit nicht entgegen (*Dreier*/Schulze, § 53 Rn. 16).

371   Beispiel:
A lässt sich von einem Freund seine Schallplattensammlung digitalisieren.
Er bezahlt ihm die CD-Rohlinge.

372   Eine Vervielfältigung auf Papier durch ein fotomechanisches Verfahren (Foto-
kopie) bzw. in einem ähnlichen Verfahren (Var. 2) darf sogar gewerbsmäßig
vorgenommen werden.

373   Beispiel:
B lässt sich im Copyshop gegen gesonderte Vergütung Kopien aus Büchern
und Zeitschriften anfertigen.

374   **3. Eigener Gebrauch (§ 53 Abs. 2 und 3 UrhG).** Jenseits der Vervielfältigung
zum Privatgebrauch erlaubt § 53 Abs. 2 und 3 UrhG, Vervielfältigungen in den
näher definierten Grenzen zum sonstigen eigenen Gebrauch herzustellen oder
herstellen zu lassen. Auf diese Schranken können sich auch juristische Personen berufen.

375   **a) § 53 Abs. 2 UrhG.** Unter den Voraussetzungen des § 53 Abs. 2 UrhG ist die
Anfertigung einzelner Vervielfältigungsstücke (s. Rn. 368) zulässig. Privilegiert
ist danach
- der eigene wissenschaftliche Gebrauch (Nr. 1),
- die Aufnahme in ein eigenes Archiv (Nr. 2),
- die Unterrichtung über Tagesfragen (Nr. 3) und
- der sonstige eigene Gebrauch (Nr. 4)

376   Beispiel:
1. Professor P lässt sich einen Aufsatz aus der NJW zur Vorbereitung einer
Publikation kopieren ? § 53 Abs. 2 S. 1 Nr. 1 UrhG; Student S kopiert sich zu
Studienzwecken einen Beitrag aus der JuS ? § 53 Abs. 2 S. 1 Nr. 4 lit. a UrhG.
2. Dagegen darf sich S wegen § 53 Abs. 2 Nr. 4 lit. b UrhG bzw. § 53 Abs. 4
lit. b UrhG ein im Buchhandel noch erhältliches Buch nicht komplett kopieren.

377   Für die Zulässigkeit der Vervielfältigung zur Aufnahme in ein eigenes Archiv
(§ 53 Abs. 2 S. 1 Nr. 2 UrhG) muss zusätzlich ein Tatbestand des § 53 Abs. 2 S. 2
UrhG, für die Unterrichtung über Tagesfragen und den sonstigen eigenen Gebrauch (§ 53 Abs. 2 S. 1 Nr. 3 und 4 UrhG) zusätzlich ein Tatbestand des § 53
Abs. 2 S. 2 Nr. 1 oder 2 UrhG (§ 53 Abs. 2 S. 3 UrhG) erfüllt sein.

b) § 53 Abs. 3 UrhG. § 53 Abs. 3 S. 1 Nr. 1 UrhG erlaubt die Vervielfältigung zu **378**
Zwecken des Schulunterrichts und zu Prüfungszwecken. Nach Nummer 1 die-
ser Vorschrift darf der Lehrer einen Klassensatz (und nicht nur einzelne) Kopien von Teilen eines Werkes oder einzelnen Zeitungs- oder Zeitschriftenbei-
trägen anfertigen, um damit im Unterricht in Schulen etc. zu arbeiten. Für
Hochschulen gilt dieses Privileg nicht (Argument aus § 53 Abs. 3 Nr. 2 UrhG).
Nach § 53 Abs. 3 S. 1 Nr. 2 UrhG ist die Vervielfältigung zum Gebrauch bei
staatlichen Prüfungen – hier auch an Hochschulen – zulässig. Die Vervielfältigung speziell für den Schulgebrauch hergestellter Werke (Lesebücher, Fibeln)
ist dagegen stets nur mit Einwilligung des Berechtigten zulässig (§ 53 Abs. 3
S. 2 UrhG).

4. Rückausnahmen und Einschränkungen (§ 53 Abs. 4–7 UrhG). Die Vervielfäl- **379**
tigung von grafischen Aufzeichnungen von Werken der Musik (Musiknoten)
sowie die im Wesentlichen vollständige Vervielfältigung einer Zeitschrift oder
eines Buches sind stets nur mit Einwilligung des Berechtigten zulässig, **§ 53
Abs. 4 UrhG**, es sei denn, die Vervielfältigung
- wird durch Abschreiben (mit der Hand) vorgenommen,
- wird zur Aufnahme in ein eigenes Archiv (§ 53 Abs. 2 S. 1 Nr. 2 UrhG) vorgenommen oder
- erfolgt zum eigenen Gebrauch (einschließlich des privaten Gebrauchs) und
  das Werk ist seit mindestens zwei Jahren vergriffen.

Ebenfalls stets der Einwilligung bedarf nach **§ 53 Abs. 7 UrhG** **380**
- die Aufnahme öffentlicher Vorträge, Aufführungen oder Vorführungen
  eines Werkes auf Bild- oder Tonträger,
- die Ausführung von Plänen und Entwürfen zu Werken der bildenden Künste
  und
- der Nachbau eines Werkes der Baukunst.

Gemäß **§ 53 Abs. 6 S. 1 UrhG** dürfen die zulässigerweise angefertigten Verviel- **381**
fältigungsstücke weder verbreitet noch zu öffentlichen Wiedergaben verwendet
werden.

> **Beispiel:** **382**
> DJ D aus Rn. 366 darf die zulässigerweise für seinen privaten Gebrauch her-
> gestellten Kopien der CDs nicht bei seinen Auftritten abspielen.

Lediglich für das Verleihen sieht Satz 2 kleinere Ausnahmen vor.

383   Nach § 53 Abs. 5 UrhG gelten schließlich für elektronische Datenbankwerke (§ 4 Abs. 2 UrhG) Sonderregelungen.

> Die Schranke des § 53 UrhG erfasst nur die Vervielfältigung (§ 16 UrhG), nicht aber andere Verwertungshandlungen wie die öffentliche Zugänglich-machung (§ 19a UrhG). Typischer Fehler! Beispiel: Zugänglichmachung einer Musik-CD nach Vervielfältigung im Internet. Die Zugänglichmachung kann nicht durch § 53 UrhG gerechtfertigt werden.

384   **5. Kopienversand auf Bestellung (§ 53a UrhG).** Öffentlichen Bibliotheken ist es gestattet, auf Anforderung Vervielfältigungen von Beiträgen aus Zeitungen oder Zeitschriften oder kleiner Teile von Werken herzustellen und dem Bestel-ler per Post oder Telefax zu übermitteln, wenn dieser zur Vervielfältigung der bestellten Werke nach § 53 UrhG berechtigt ist.

385   **Beispiel:**
Wissenschaftler W und Rechtsanwalt R bestellen je eine Kopie eines Aufsat-zes aus einer juristischen Fachzeitschrift bei einer Universitätsbibliothek.

386   Die Übermittlung in sonstiger elektronischer Form, insbesondere per E-Mail, ist nur unter den zusätzlichen Voraussetzungen der Sätze 2 und 3 des § 53a Abs. 1 UrhG zulässig. So muss die Kopie der Veranschaulichung des Unter-richts (§ 53 Abs. 3 S. 1 Nr. 1 UrhG) oder der wissenschaftlichen Forschung (§ 53 Abs. 2 S. 1 Nr. 1 UrhG) dienen und zur Verfolgung nicht gewerblicher Zwecke gerechtfertigt sein.

387   **Beispiel:**
W kann sich den Aufsatz per E-Mail schicken lassen, wenn er diesen für die Vorbereitung einer wissenschaftlichen Publikation benötigt (§ 53 Abs. 2 S. 1 Nr. 1 UrhG i.V.m § 53a S. 2, 3 UrhG). R, der den Beitrag für seine Mandats-bearbeitung benötigt (§ 53 Abs. 2 S. 1 Nr. 4 lit. a UrhG) ist hingegen auf den Post- oder Faxversand beschränkt.

388   Der elektronische Versand ist schließlich nur zulässig, wenn der Zugriff auf die Beiträge oder Werkteile nicht offensichtlich zu angemessenen Konditionen über ein Online-Angebot (insb. Datenbank) möglich ist. Wenn also ein Verlag ein entsprechendes Online-Angebot vorhält, ist der Kopienversand ausge-schlossen.

III. Schranken zugunsten der Meinungs- und Informationsfreiheit (§§ 48–50 UrhG)

Die in den §§ 48 bis 50 UrhG geregelten Schranken sollen es der Öffentlichkeit **389** ermöglichen, sich einfach, schnell und ungehindert über aktuelle Fragen zu informieren. Sie dienen damit der Förderung und Durchsetzung der Meinungs- und Informationsfreiheit (BT-Dr. IV/270, S. 31, 65).

1. Öffentliche Reden (§ 48 UrhG). Reden über tagesaktuelle Fragen sowie bei **390** öffentlichen Verhandlungen vor staatlichen, kommunalen oder kirchlichen Organen dürfen unter den Voraussetzungen des § 48 UrhG zustimmungs- und vergütungsfrei verbreitet (§ 17 Abs. 1 UrhG), vervielfältigt (§ 16 UrhG) und öffentlich wiedergegeben (§ 15 Abs. 2 UrhG) werden. Dies trägt dem Interesse des Publikums Rechnung, Reden zu bestimmten öffentlichen Anlässen zeitnah auch im Wortlaut (die reine Inhaltsangabe ist ohnehin zulässig, s. Rn. 182) zur Kenntnis nehmen zu können (*Dreier*/Schulze, § 48 Rn. 1).

a) Reden über tagesaktuelle Fragen (§ 48 Abs. 1 Nr. 1 UrhG) sind Äußerungen **391** über aktuelle, d. h. kurz vor der Rede stattgefundene Ereignisse in allgemein verständlicher Form (Wandtke/Bullinger/*Lüft*, § 48 Rn. 2). Entscheidend ist nicht der Gegenstand der Rede (Politik, Wirtschaft, Sport, Kultur; insoweit anders bei § 49 Abs. 1 UrhG), sondern ihre **zeitliche Aktualität**. Nicht tagesgebundenen Themen wie beispielsweise ein literarischer oder wissenschaftlicher Vortrag sind daher keine Tagesfragen (BT-Dr. IV/270, S. 65). Befasst sich nur ein Teil einer Rede mit Tagesfragen, etwa eine auf aktuelle Ereignisse bezugnehmende Predigt, gilt § 48 Abs. 1 Nr. 1 UrhG nur für diesen Teil (Fromm/Nordemann/*W. Nordemann*, § 48 Rn. 2).

Die Rede muss der Öffentlichkeit zugänglich gemacht worden sein. Das kann **392** zum einen dadurch geschehen sein, dass sie bei einer **öffentlichen Versammlung** gehalten wurde (§ 19 Abs. 1 UrhG), d. h. bei einer Veranstaltung, zu der prinzipiell jeder Zugang hat, also der Teilnehmerkreis, abgesehen von tatsächlichen Gegebenheiten (Raumkapazität), nicht auf einen bestimmten Personenkreis beschränkt ist (Schricker/Loewenheim/*Melichar*, § 48 Rn. 5). Oder aber die Rede wurde öffentlich zugänglich gemacht (§ 19a UrhG) oder gesendet (§ 20 UrhG).

Die Vervielfältigung und Verbreitung solcher Reden ist ausschließlich zulässig **393** in Zeitungen, Zeitschriften oder sonstigen Medien, die im Wesentlichen **Tagesinteressen** Rechnung tragen.

394   Beispiel:
Tages- (FAZ, SZ) und Wochenzeitungen, Wochenzeitschriften (Der Spiegel, FOCUS), s. Wandtke/Bullinger/*Lüft*, § 48 Rn. 4.

395   Die **öffentliche Wiedergabe** (§ 15 Abs. 2 UrhG) der Rede ist dagegen unbeschränkt erlaubt. Sie darf daher insbesondere von jedermann gesendet (§ 20 UrhG) und öffentlich zugänglich gemacht (§ 19a UrhG) werden.

396   **b) Reden bei öffentlichen Verhandlungen vor staatlichen, kommunalen oder kirchlichen Organen (§ 48 Abs. 1 Nr. 2 UrhG)** dürfen in jedem Medium verbreitet, vervielfältigt und öffentlich wiedergegeben werden. Eine öffentliche Verhandlung im Sinne dieser Vorschrift setzt voraus, dass im Anschluss an die Rede eine Aussprache vorgesehen ist (BT-Dr. IV/270, S. 65), mag diese auch in Einzelfall unterbleiben (Schricker/Loewenheim/*Melichar*, § 48 Rn. 10). Anders als bei Nr. 1 bedarf die Rede dagegen keines tagesaktuellen Bezuges.

397   Beispiele:
Reden vor Parlamenten einschließlich ihrer Ausschüsse; bei Stadtratssitzungen; bei Gerichtsverhandlungen

398   Lediglich die Vervielfältigung und Verbreitung solcher Reden in Form einer **Sammlung**, die überwiegend (= Schwerpunkt der Sammlung, Schricker/Loewenheim/*Melichar*, § 48 Rn. 15) Reden desselben Urhebers enthält, ist unzulässig (§ 48 Abs. 2 UrhG).

399   Beispiel:
Herausgabe aller Weihnachtsansprachen eines ehemaligen Bundespräsidenten.

400   **2. Zeitungsartikel und Rundfunkkommentare (§ 49 UrhG).** § 49 Abs. 1 UrhG ermöglicht die Übernahme einzelner Zeitungsartikel oder Rundfunkkommentare (jeweils einschließlich etwaiger Abbildungen) über politische, wirtschaftliche oder religiöse Tagesfragen. Sie ermöglicht insbesondere die sog. Pressespiegel, in denen aus anderen Medien thematisch sortiert Beiträge zusammengestellt werden (s. aber auch Rn. 409).

401   Die Beiträge müssen sich auf politische, wirtschaftliche oder religiöse Tagesfragen beziehen. Berichte über wissenschaftliche oder kulturelle Tagesereignisse sind nicht privilegiert (Wandtke/Bullinger/*Lüft*, § 49 Rn. 10).

402   Der Urheber kann die Nutzung seiner Beiträge nach § 49 Abs. 1 UrhG durch einen Vorbehalt seiner Rechte verhindern (Satz 1 am Ende).

a) Rundfunkkommentare. Rundfunkkommentare sind im Rundfunk gesen- **403**
dete (§ 20 UrhG) verlesene oder selbstgesprochene Meinungsäußerungen
(Fromm/Nordemann/*W. Nordemann*, § 49 Rn. 3). Der Rahmen der Sendung
(Nachrichten-, Informations- oder Unterhaltungssendung) ist dabei unerheblich. Mangels Sendung sind dagegen Kommentare, die lediglich öffentlich zugänglich gemacht (§ 19a UrhG) wurden, nicht erfasst (*Dreier*/Schulze, § 49
Rn. 5). Dies betrifft etwa einen ausschließlich im Internet abrufbaren Podcast.

b) Artikel. Artikel, d. h. schriftlich fixierte Sprachwerke, müssen hingegen in **404**
Zeitungen oder anderen lediglich Tagesinteressen dienenden Informations-
blättern veröffentlicht worden sein. Obwohl das Gesetz an anderer Stelle (z. B.
§ 48 UrhG) ausdrücklich zwischen Zeitungen und Zeitschriften differenziert,
kommt es hier primär darauf an, dass nach Konzeption und Inhalt schwer-
punktmäßig die Information über Tagesinteressen verfolgt wird (BGH GRUR
2005, 670 – WirtschaftsWoche).

> **Beispiele:** **405**
> „Klassische" Tages- und Wochenzeitungen; aber auch aktuell informierende
> Zeitschriften wie WirtschaftsWoche, Focus, Spiegel.

Dem Wortlaut und den tatsächlichen Umständen zum Zeitpunkt der Ent- **406**
stehung nach ist § 49 Abs. 1 UrhG an sich nur auf Printmedien anwendbar.
Gleichwohl wird eine analoge Anwendung auf elektronische Medien, die funktional den Printmedien gleichstehen, befürwortet (*Dreier*/Schulze, § 49 Rn. 7).

Zulässig ist die Übernahme einzelner Kommentare oder Artikel in andere Zei- **407**
tungen oder Informationsblätter „dieser Art", d. h. wiederum Tagesinteressen
dienende Printmedien und funktional gleichstehende elektronische Medien.

Die öffentliche Wiedergabe (§ 15 Abs. 2 UrhG) von Rundfunkkommentaren **408**
und Artikeln ist dagegen wiederum in jeder Form zulässig.

c) Pressespiegel. Pressespiegel können nach § 49 Abs. 1 UrhG zulässig sein. **409**
Dies gilt jedenfalls für lediglich betriebs- oder behördenintern angefertigte und
verbreitete Zusammenstellungen in herkömmlicher Papierform (BGH GRUR
2002, 963, 965 – Elektronischer Pressespiegel). Gleichgestellt sind entsprechende interne Pressespiegel in elektronischer Form, sofern sie in einem Da-
teiformat verteilt werden, das sich nicht durchsuchen lässt, weil insoweit keine
intensivere Werknutzung erfolgt (BGH GRUR 2002, 963, 965 – Elektronischer
Pressespiegel). Die Zulässigkeit kommerzieller, nach Kundenwunsch zusam-

mengestellter und versandter Pressespiegel ist dagegen noch nicht endgültig geklärt (ablehnend KG GRUR-RR 2004, 228).

410   **d) Vermischte Nachrichten und Tagesneuigkeiten.** Diese können nach § 49 Abs. 2 UrhG ohne Einschränkungen und damit ohne Vergütungspflicht übernommen werden. Dies gilt – wie sich aus dem systematischen Standort ergibt – auch dann, wenn diese urheberrechtlich geschützt sind (str., wie hier *Dreier/ Schulze*, § 49 Rn. 13 mit Nachweisen zur Gegenansicht).

411   **3. Berichterstattung über Tagesereignisse (§ 50 UrhG).** Im Zuge der Berichterstattung über Tagesereignisse kommt es nicht selten vor, dass dabei urheberrechtlich geschützte Werke wahrnehmbar gemacht werden, sei es unvermeidlich als Hintergrund oder gerade als Gegenstand der Berichterstattung.

412   Beispiel:
Bei einem Fernsehbericht über einen Festakt, eine Ausstellungseröffnung oder eine Filmpremiere sind die musikalische Untermalung, die ausgestellten Gemälde oder die gezeigten Filme wahrnehmbar.

413   Um hier nicht die an sich notwendigen Einwilligungen sämtlicher Urheber einholen zu müssen, erklärt § 50 UrhG die mit der Berichterstattung verbundene Vervielfältigung, Verbreitung oder öffentliche Wiedergabe der betroffenen Werke unter bestimmten Voraussetzungen für vergütungsfrei zulässig.

414   Die Berichterstattung muss ein **Tagesereignis** betreffen. Das ist jedes aktuelle Geschehen, das für die Öffentlichkeit von allgemeinem Interesse ist, wobei ein Geschehen solange aktuell ist, wie ein Bericht darüber von der Öffentlichkeit noch als **Gegenwartsberichterstattung** empfunden wird (BGH GRUR 2002, 1050 – Zeitungsbericht als Tagesereignis). Anders als § 49 UrhG ist die Vorschrift nicht auf politische oder wirtschaftliche Ereignisse beschränkt, sondern erlaubt eine Berichterstattung über alltägliche Vorgänge einschließlich solcher der Boulevardpresse (BGH GRUR 2002, 1050 – Zeitungsbericht als Tagesereignis).

415   Die Werknutzung muss sich im Rahmen des durch den **Zweck** der Berichterstattung **gebotenen Umfangs** halten. So dürfen bei einer Ausstellungseröffnung einzelne Gemälde bzw. bei einem Filmfestival oder einer Opernpremiere einzelne Szenen gezeigt werden. Dagegen war es unzulässig, die anlässlich eines zweistündigen Festakts zur Neueröffnung der Frankfurter Alten Oper aufgeführten Musikwerke in voller Länge im Rundfunk zu übertragen (s. OLG Frankfurt GRUR 1985, 380 – Operneröffnung [zum Leistungsschutzrecht der Orchestermusiker]).

IV. Zitatrecht (§ 51 UrhG)

1. Grundsatz. Zum Zwecke der Auseinandersetzung mit fremden Gedanken **416** (BGH GRUR 1973, 216, 217 – Handbuch moderner Zitate) erlaubt das Zitatrecht dem Zitierenden die Übernahme fremder Werke oder Werkteile in ein eigenes Werk. Neues entsteht häufig gerade durch die Benutzung und Weiterentwicklung des bereits Bekannten. Die Zitierfreiheit dient damit dem allgemeinen kulturellen und wissenschaftlichen Fortschritt (BGH GRUR 1986, 59, 60 – Geistchristentum).

Ein Zitat hat stets die Funktion, eigene Erörterungen des Zitierenden zu erläu- **417** tern, sie zu unterstützen. Für diese sog. Belegfunktion des Zitats (BGH GRUR 1986, 59, 60 – Geistchristentum) bedarf es einer inneren Verbindung zwischen den zitierten Werken oder Werkteilen und den eigenen Gedanken des Zitierenden (BGH GRUR 2008, 693, Rn. 42 – TV-TOTAL). Dient die Übernahme nur dekorativen Zwecken, wird also das Werk nur um seiner selbst Willen angeführt oder abgebildet, oder verfolgt der Zitierende mit der Verwendung des fremden Werks lediglich den Zweck, dieses dem Endnutzer leichter zugänglich zu machen oder sich selbst eigene Ausführungen zu ersparen, fehlt ein solcher Zitatzweck (BGH GRUR 2010, 628, Rn. 22 – Vorschaubilder).

Die Generalklausel des § 51 S. 1 UrhG erlaubt deshalb die Vervielfältigung (§ 16 **418** UrhG), Verbreitung (§ 17 Abs. 1 UrhG) und öffentliche Wiedergabe (§ 15 Abs. 2 UrhG)
- eines veröffentlichten (§ 6 Abs. 1 UrhG) Werkes
- zum Zweck des Zitats (Belegfunktion)
- in dem durch den besonderen Zweck gerechtfertigten Umfang.

Die Zulässigkeit eines Zitats erfordert stets eine **Abwägung der Interessen** des **419** Zitierenden mit denen des Zitierten. Zu berücksichtigen sind dabei der Zweck des Zitats, d. h. insbesondere Anlass, Inhalt und Umfang der Übernahme sowie Inhalt und Umfang des zitierenden Werkes (BGH GRUR 1986, 59, 60 – Geistchristentum). Insoweit besteht eine Wechselwirkung (Fromm/Nordemann/*Dustmann*, § 51 Rn. 4).

Gute Bearbeitungen (nicht nur urheberrechtlicher Klausuren) zeichnen sich durch eine sorgfältige Interessenabwägung aus.

Im Anschluss an die Generalklausel enthält Satz 2 drei Regelbeispiele. Diese **420** sind nach der neuen Rechtslage nicht mehr abschließend („insbesondere") und ggf. nebeneinander bzw. in Kombination miteinander anwendbar (Schricker/ Loewenheim/*Schricker/Spindler*, § 51 Rn. 11).

421 Das Zitat muss stets mit einer Quellenangabe versehen sein (§ 63 UrhG).

422 **2. Großzitat (§ 51 S. 2 Nr. 1 UrhG).** Als Großzitat bezeichnet man die vollständige Aufnahme einzelner veröffentlichter (§ 6 Abs. 1 UrhG) Werke in ein selbständiges **wissenschaftliches** Werk zur Erläuterung dessen Inhalts. Dazu muss es nach Inhalt und Form der Darstellung die Wissenschaft durch Vermittlung von Erkenntnissen fördern (Fromm/Nordemann/*Dustmann*, § 51 Rn. 24). Das Zitat muss zur Erläuterung des Inhalts des zitierenden Werkes dienen.

423 **Beispiele:**
Reproduktion von Gemälden in kunsthistorischer Dissertation; Abdruck von Gedichten in einer sprachwissenschaftlichen Forschungsarbeit über diese Gedichte.

424 Die Werkart (§ 2 Abs. 1 UrhG) ist sowohl beim zitierten als auch beim zitierenden Werk unerheblich. Zulässig ist die Übernahme einzelner Werke desselben Urhebers. Bezugspunkt ist dabei dessen gesamtes Schaffen, aus dem einzelne, d. h. einige wenige Werke, zitiert werden dürfen (GRUR 1968, 607, 611 – Kandinsky: 69 Gemälde in einem Werk über den „Blauen Reiter" sind zu viel). Werden verschiedene Urheber zitiert, ist die Grenze für jeden separat zu bestimmen; wer Werke mehrerer Urheber zitiert, kann folglich insgesamt mehr Werke verarbeiten (Wandtke/Bullinger/*Lüft*, § 51 Rn. 12).

425 **3. Kleinzitat (§ 51 S. 2 Nr. 2 UrhG).** Das Kleinzitat ist im Vergleich zum Großzitat einerseits weiter, indem es hinsichtlich des aufnehmenden Werkes nicht auf wissenschaftliche Werke beschränkt ist, sondern Werke beliebigen Inhalts umfasst. Andererseits ist es enger, weil es nur die Aufnahme von **Stellen**, d. h. kleinen, im Verhältnis zum Gesamtumfang nicht ins Gewicht fallenden Ausschnitten (näher Schricker/Loewenheim/*Schricker/Spindler*, § 51 Rn. 43 ff.) eines veröffentlichten (§ 6 Abs. 1 UrhG) Werkes in ein selbständiges **Sprachwerk** (§ 2 Abs. 1 Nr. 1 UrhG) erlaubt.

426 **4. Musikzitat (§ 51 S. 2 Nr. 3 UrhG).** Das Musikzitat erlaubt, einzelne Stellen eines erschienenen (§ 6 Abs. 2 UrhG) Musikwerkes in einem anderen Musikwerk anzuführen. Das meint nicht die Übernahme und Verarbeitung einer fremden Melodie zu einem neuen Werk (dies ist eine nach § 24 Abs. 2 UrhG unzulässige Bearbeitung), sondern die Übernahme zum Zwecke der Parodie, Erinnerung an den anderen Komponisten etc. (Möhring/Nicolini/*Waldenberger*, § 51 Rn. 26). Das zitierte Musikwerk muss deshalb als solches erkennbar bleiben.

5. Filmzitate und Bildzitate in nicht-wissenschaftlichen Werken. Diese Zitate **427** (früher sog. „große Kleinzitate") werden von den Regelbeispielen nicht erfasst. Sie lassen sich seit der Änderung des § 51 UrhG unter dessen Generalklausel in Satz 1 subsumieren, so dass für die nach früherem Recht notwendigen Analogien kein Anlass mehr besteht (*Schack*, Rn. 549).

V. Weitere Schranken

1. Werke an öffentlichen Plätzen (§ 59 UrhG). Werke, die sich bleibend an öf- **428** fentlichen Wegen, Straßen oder Plätzen befinden, darf jedermann frei und zu beliebigen (auch kommerziellen) Zwecken mit Mitteln der Malerei oder Grafik, durch Lichtbild oder Film vervielfältigen (§ 16 UrhG), beispielsweise fotografieren, und die entstandenen Vervielfältigungsstücke verbreiten (§ 17 UrhG) und öffentlich wiedergeben (§ 15 Abs. 2 UrhG).

> **Beispiele:** **429**
> Fotographie einer Skulptur auf dem Marktplatz der Fassade eines Hauses an der Straße; Herstellung und Vertrieb von Postkarten mit derartigen Motiven.

Diese sog. Panoramafreiheit trägt dem Interesse der Allgemeinheit an der Frei- **430** heit des Straßenbildes Rechnung. Entscheidend für ihren Umfang ist die Aussicht, wie man sie ohne Hilfsmittel von einem für das Publikum allgemein zugänglichen Ort aus auf das Werk hat (BGH GRUR 2003, 1035, 1037 – Hundertwasser-Haus). Unzulässig sind daher Aufnahmen aus der Luft oder vom Balkon oder Dach eines gegenüberliegenden Hauses, ebenso die Umgehung von Sichtblenden wie Bretterzäunen oder Hecken (Wandtke/Bullinger/ *Lüft*, § 59 Rn. 3). Bei Bauwerken erstreckt sich die Panoramafreiheit außerdem nur auf die Außenansicht (§ 59 Abs. 1 S. 2 UrhG).

Nicht von § 59 UrhG erfasst und deshalb unzulässig ist die Abbildung von Wer- **431** ken aus dem Innenraum eines Gebäudes, auch wenn dies durch offenstehende Fenster oder Türen vom öffentlichen Straßenraum aus möglich wäre (Schricker/Loewenheim/*Vogel*, § 59 Rn. 10).

§ 59 UrhG gilt nur für Werke, die sich bleibend an öffentlichen Wegen, Straßen **432** oder Plätzen befinden. Das ist nicht der Fall, wenn die Aufstellung oder Errichtung eines Werks an einem öffentlichen Ort lediglich der Werkpräsentation im

Sinne einer zeitlich befristeten Ausstellung dient (BGH GRUR 2002, 605, 606 f. – Verhüllter Reichstag).

433   **2. Unwesentliches Beiwerk (§ 57 UrhG).** Urheberrechtlich geschützte Werke dürfen nach § 57 UrhG vervielfältigt (§ 16 Abs. 1 UrhG), verbreitet (§ 17 Abs. 1 UrhG) und öffentlich wiedergegeben (§ 15 Abs. 2 UrhG) werden, wenn sie bloßes Beiwerk zur Vervielfältigung, Verbreitung oder öffentlichen Wiedergabe eines anderen Werkes sind. Entscheidend ist dafür, dass das Beiwerk keinerlei inhaltliche Beziehung zum Hauptwerk aufweist und deshalb durch seine Zufälligkeit und Beliebigkeit mangels Bedeutung ohne Beeinträchtigung der Wirkung des Hauptwerkes ausgetauscht werden könnte (OLG München, ZUM-RD 2008, 554).

434   **Beispiele:**
- Gemälde, das in einer Spielfilmszene als Inneneinrichtung einer Wohnung zu sehen ist.
- Anders aber, wenn das Gemälde gerade in die Handlung einbezogen wird, etwa als Objekt eines Diebstahls.

435   **3. Bildnisse (§ 60 UrhG).** Dem Besteller (Auftraggeber) eines Bildnisses (Gemälde, Fotographie, Skulptur) sowie dem auf einem bestellten Bildnis Abgebildeten ist die Vervielfältigung (§ 16 Abs. 1 UrhG) sowie die unentgeltliche und nichtgewerbliche Verbreitung (§ 17 Abs. 1 UrhG) des Bildnisses gestattet (§ 60 Abs. 1 S. 1 UrhG). Handelt es sich bei dem Bildnis um ein Werk der bildenden Kunst (etwa eine Maske), ist nur die Vervielfältigung durch Fotografieren erlaubt (§ 60 Abs. 1 S. 2 UrhG).

436   Die öffentliche Wiedergabe, insbesondere im Internet, fällt dagegen in keinem Fall unter § 60 UrhG (OLG Köln GRUR 2004, 499 – Portraitfoto im Internet). Vor diesem Hintergrund ist es unzulässig, ein von einem Fotographen angefertigtes Passbild zu scannen und ins Internet zu stellen, sofern dieser nicht (ggf. konkludent) die dazu nötigen Rechte (insb. das Recht der öffentlichen Zugänglichmachung nach § 19a UrhG) eingeräumt hat.

437   **4. Sammlungen für Kirchen-, Schul- oder Unterrichtsgebrauch (§ 46 UrhG) und Schulfunksendung (§ 47 UrhG).** § 46 UrhG erlaubt die Zusammenstellung von Werken oder Werkteilen einer größeren Anzahl von Urhebern zur ausschließlichen (BGH GRUR 1991, 903 – Liedersammlung) Verwendung im Schulunterricht (Hochschulen zählen wiederum nicht dazu, *Schack*, Rn. 572) oder den Kirchengebrauch.

Beispiele: **438**
Lesebuch mit Gedichten oder Erzählungen verschiedener Autoren; Gesang-
buch für die Schule oder Kirche.

Unter den Voraussetzungen des § 47 UrhG dürfen Schulfunksendungen auf- **439**
gezeichnet und im Unterricht wiedergegeben werden.

5. Öffentliche Wiedergabe (§ 52 UrhG). Bestimmte Formen (zu den Ausnah- **440**
men s. Abs. 3) der öffentliche Wiedergabe (§ 15 Abs. 2 UrhG) eines Werkes bedürfen ausnahmsweise keiner Einwilligung des Urhebers. Nach Absatz 1 gilt
dies für veröffentlichte (§ 6 Abs. 1 UrhG) Werke, sofern die Wiedergabe
- keinem Erwerbszweck des Veranstalters dient,
- kein Entgelt (mittelbar oder unmittelbar) verlangt wird **und**
- ggf. beteiligte ausübende Künstler (Musiker, Schauspieler) keine gesonderte,
  d. h. über eine etwaige arbeitsvertragliche Entlohnung hinausgehende, Vergütung erhalten.

Beispiele: **441**
Öffentliches Konzert eines Schulchores; Platzkonzert des Blasorchesters.

Die öffentliche Wiedergabe ist grundsätzlich vergütungspflichtig (Abs. 1 S. 2); **442**
lediglich bestimmte sozial motivierte Zwecke sind frei (Abs. 1. S. 3), sofern ihre
Durchführung nicht einem Erwerbszweck eines Dritten dient (Abs. 1 S. 4).

Zulässig ist ferner die öffentliche Wiedergabe bei einem Gottesdienst oder einer **443**
kirchlichen Feier (Abs. 2). Dabei muss das Werk aber erschienen (§ 6 II UrhG)
sein und der Veranstalter hat stets eine angemessene Vergütung zu zahlen.

6. Öffentliche Zugänglichmachung für Unterricht und Forschung (§ 52a **444**
UrhG). Dem Schulunterricht sowie der wissenschaftlichen Forschung kommt
§ 52a UrhG zugute. Unter bestimmten Voraussetzungen ist die **öffentliche Zugänglichmachung** (§ 19a) von Werken innerhalb eines privilegierten Nutzer-
kreises (Unterrichtsteilnehmer, Wissenschaftler) zulässig.

7. Elektronische Leseplätze (§ 52b UrhG). Bibliotheken, Museen oder Archive, **445**
die keinen wirtschaftlichen Zweck verfolgen, dürfen Werke aus ihrem **eigenen
Bestand** an elektronischen Leseplätzen **in ihren Räumen** öffentlich zugänglich
(§ 19a UrhG) machen. Dabei dürfen grundsätzlich nicht mehr Exemplare zugänglich gemacht werden, als im Bestand vorhanden sind. Nicht unter § 52b
UrhG fallen soll die Online-Nutzung von außen (BT-Dr. 16/1828, S. 26).

446   **8. Werke in Ausstellungen, öffentlichem Verkauf und öffentlich zugänglichen Einrichtungen (§ 58 UrhG).** Der Veranstalter von öffentlichen Ausstellungen und Kunstverkäufen darf zum Zwecke der Werbung Vervielfältigungen (§ 16 UrhG) von dort ausgestellten bzw. zum Verkauf stehenden Werken der bildenden Kunst (§ 2 Abs. 1 Nr. 4 UrhG) und Lichtbildwerken (§ 2 Abs. 1 Nr. 5 UrhG) herstellen und verbreiten (§ 17 Abs. 1 UrhG) sowie öffentlich zugänglich (§ 19a UrhG) machen (§ 58 Abs. 1 UrhG).

447   **Beispiel:**
Ein Museum wirbt für eine Werkschau des Künstlers K mit Plakaten, die einige seiner Werke zeigen; Auktionator A erstellt einen Katalog der zu versteigernden Kunstwerke.

448   Ferner dürfen öffentliche Bibliotheken, Bildungseinrichtungen und Museen solche Werke anlässlich einer Ausstellung und zur Dokumentation ihrer Bestände in ein Verzeichnis aufnehmen und diese verbreiten, sofern damit kein Erwerbszweck verfolgt wird (§ 58 Abs. 2 UrhG).

449   In Museumsshops vertriebene Kunstbildbände oder Kunstpostkarten unterfallen nicht § 58 UrhG (*Schack*, Rn. 569). Bei diesen steht nicht der für die Schranke notwendige Werbezweck, sondern der Kunstgenuss im Vordergrund (BGH GRUR 1994, 800, 802 – Museumskatalog). Gleiches gilt für einen allgemeinen Werbeprospekt, mit dem generell für die Tätigkeit eines Veranstalters geworben wird, d. h. ohne konkreten Anlass und Bezug zum Werk (BGH GRUR 1993, 822 – Katalogbild, zu § 58 UrhG a. F.).

450   **9. Rechtspflege und öffentliche Sicherheit (§ 45 UrhG).** Im Interesse der von urheberrechtlichen Ansprüchen unabhängigen Durchführung von gerichtlichen oder behördlichen Verfahren sowie der öffentlichen Sicherheit dürfen
- einzelne Vervielfältigungsstücke von Werken zur Verwendung in Verfahren vor Gerichten oder Behörden hergestellt,
- Bildnisse zum Zwecke der Rechtspflege und der öffentlichen Sicherheit vervielfältigt (§ 16 Abs. 1 UrhG) sowie
- zu diesen Zwecken hergestellte Werke verbreitet (§ 17 Abs. 1 UrhG), öffentlich ausgestellt (§ 18 UrhG) und öffentlich wiedergegeben (§ 15 Abs. 2 UrhG)
werden.

Beispiele: **451**
Vorlage von Werken (auch noch nicht veröffentlichter) vor Gericht als Beweismittel (OLG Frankfurt NJW-RR 2000, 119); Ausstrahlen von Fahndungsfotos im Fernsehen.

10. Behinderte Menschen (§ 45a UrhG). § 45a UrhG erlaubt die Herstellung **452** und Verbreitung von besonderen Ausgaben von Werken, um Menschen mit Behinderungen bei der sinnlichen Wahrnehmung den Zugang zum Werk zu ermöglichen, sofern dies nicht zu gewerblichen Zwecken erfolgt und entsprechende Ausgaben nicht bereits anderweitig verfügbar sind.

Beispiele: **453**
• Übertragung und Verbreitung eines Romans in Brailleschrift oder als Hörbuch.
• Eine auf § 45a UrhG gestützte Hörbuchfassung des vorliegenden Buches „Urheber- und Designrecht" ist dagegen unzulässig, da eine solche bereits auf der beiliegenden CD verfügbar ist.

11. Benutzung eines Datenbankwerkes (§ 55a UrhG). § 55a UrhG gestattet die **454** Bearbeitung und Vervielfältigung eines Datenbankwerkes (§ 4 Abs. 2 UrhG), soweit dies für dessen bestimmungsgemäße Nutzung durch den Berechtigten notwendig ist.

12. Vervielfältigung und öffentliche Wiedergabe in Geschäftsbetrieben (§ 56 **455** **UrhG).** Vertrieb und Reparatur von Geräten der Unterhaltungselektronik und Datenverarbeitung erfordern gelegentlich eine Nutzung geschützter Werke zur Vorführung oder Überprüfung der genannten Geräte. Zu diesen Zwecken ist die Übertragung von Werken auf Bild- oder Tonträger (§ 16 Abs. 2 UrhG), die öffentliche Wahrnehmbarmachung mittels Bild-, Ton- oder Datenträger (§ 21 UrhG) und von Funksendungen (§ 22 UrhG) sowie die öffentliche Zugänglichmachung (§ 19a UrhG) im gebotenen Umfang zustimmungs- und vergütungsfrei zulässig.

Beispiele: **456**
Wiedergabe einer Funksendung (§ 22 UrhG) zur Demonstration eines Fernsehgerätes im Verkaufsgespräch; Aufnahme einer Funksendung (§ 16 Abs. 2 UrhG) zum Test des reparierten DVD-Rekorders.

Nicht unter § 56 UrhG fällt dagegen das Laufenlassen von Fernsehgeräten im **457** Schaufenster zur allgemeinen Werbung für das Geschäft (Schricker/Loewenheim/*Melichar*, § 56 Rn. 9).

6. Kapitel   **Verwandte Schutzrechte**

I.   Grundlagen

458   Wer ein Werk vorträgt oder aufführt (Sänger, Musiker, Schauspieler), einen Tonträger oder eine Datenbank herstellt oder wissenschaftliche Ausgaben anfertigt, erbringt häufig eine ganz erhebliche Leistung, für die er aber in aller Regel kein Urheberrecht erhält, denn meist fehlt es an einer persönlichen, geistigen Schöpfung (s. Rn. 26 ff.). Um hier dennoch eine angemessene Belohnung für die Tätigkeit sicherzustellen, gewährt das UrhG dem Erbringer bestimmter künstlerischer, unternehmerischer, wissenschaftlicher oder organisatorischer Leistungen sog. Leistungsschutzrechte. Es handelt sich dabei ebenfalls um subjektive Ausschließlichkeitsrechte, mit deren Hilfe Dritte von der Nutzung und Verwertung der erbrachten Leistung ausgeschlossen werden können. Ihre Regelung im UrhG rechtfertigt sich daraus, dass Leistungsschutzrechte typischerweise auf ein Werk bezogen sind und dessen Vermittlung oder Zugänglichmachung dienen.

459   Die **Leistungsschutzrechte** unterscheiden sich in ihrem **Aufbau** ganz erheblich vom Urheberrecht. Während dieses den Urheber umfassend in seinen geistigen und persönlichen Beziehungen zum Werk und in der Nutzung des Werkes schützt (§ 11 S. 1 UrhG, s. Rn. 169), gewähren die Leistungsschutzrechte ihrem Inhaber nur die konkret im Gesetz genannten Rechte (*Schack*, Rn. 658). Auch haben die Leistungsschutzrechte anders als das Urheberrecht keine feste Schutzfrist: Sie variiert zwischen 25 und 50 Jahren.

460   Mit Ausnahme der Leistungsschutzrechte für Verfasser wissenschaftlicher Ausgaben (§ 70 UrhG) und Lichtbildner (§ 72 UrhG) tritt bei den Leistungsschutzrechten die **persönlichkeitsrechtliche Komponente** entweder deutlich in den Hintergrund oder fehlt sogar völlig. Der Rechtsinhaber kann die aus den Leistungsschutzrechten fließenden Verwertungsrechte deshalb frei übertragen (z. B. §§ 71 Abs. 2, 79 Abs. 1 UrhG), ist also im Gegensatz zum Urheberrecht nicht auf die Einräumung von Nutzungsrechten (§ 31 UrhG) angewiesen, kann davon aber Gebrauch machen.

461   Urheberrechte einerseits und Leistungsschutzrechte andererseits sowie ihre jeweiligen Inhaber sind **streng zu unterscheiden**. Sie stehen selbständig nebeneinander. Für eine Verwertung sind sämtliche Rechte zu lizenzieren; sämtliche Rechtsinhaber können unabhängig voneinander gegen Rechtsverletzungen vorgehen.

Beispiel: **462**
X kopiert eine Musik-CD, ohne dass eine Schranke des Urheberrechts eingreift. Er verletzt damit das Urheberrecht des Urhebers des Musikwerkes (§ 2 Abs. 1 Nr. 2 UrhG) sowie ggf. des Sprachwerkes (§ 2 Abs. 1 Nr. 1 UrhG), daneben aber auch das Leistungsschutzrecht des Tonträgerherstellers (§ 85 Abs. 1 UrhG).

II. Künstlerische Leistungen

Ausübende Künstler (Musiker, Sänger, Schauspieler) i.S.d. § 73 UrhG interpre- **463** tieren ein (meist fremdes) Werk, indem sie es vortragen (Sprachwerk, § 19 Abs. 1 UrhG) oder aufführen (Musikwerk, pantomimisches oder choreographisches Werk, § 19 Abs. 2, 3 UrhG). Sie erbringen dabei eine **eigene künstlerische Leistung** und stehen oft mehr im Mittelpunkt der öffentlichen Wahrnehmung als der Urheber des interpretierten Werkes (*Schack*, Rn. 657). Gleichwohl erwerben sie in aller Regel mangels persönlicher geistiger Schöpfung **kein eigenes Urheberrecht**. Stattdessen gewährt ihnen das UrhG relativ weit reichende Leistungsschutzrechte, die neben verwertungsrechtlichen (§§ 77, 78 UrhG) auch persönlichkeitsrechtliche Befugnisse (§§ 74, 75 UrhG) umfassen. So hat der ausübende Künstler Anspruch auf Namensnennung (vergleichbar § 13 UrhG) und kann sich gegen Beeinträchtigungen seiner Leistung zur Wehr setzen (vergleichbar § 14 UrhG).

Der ausübende Künstler hat das **ausschließliche Recht**, seine Darbietung auf **464** Bild- oder Tonträger aufzunehmen (§ 77 Abs. 1 UrhG), diese zu vervielfältigen und zu verbreiten (§ 77 Abs. 2 UrhG) sowie in bestimmten Formen öffentlich wiederzugeben (§ 78 Abs. 1 UrhG). Ferner gewährt ihm § 78 Abs. 2 UrhG für bestimmte freigestellte Handlungen eine angemessene **Vergütung**.

Leistungsschutz gibt es für die Darbietung eines Werkes (§ 2 Abs. 1 Nr. 1–3 **465** UrhG) oder einer Ausdrucksform der Volkskunst. Auch gemeinfreie Werke sowie mangels hinreichender Gestaltungshöhe nicht schutzfähige Werke sind umfasst, nicht aber sportliche oder artistische Vorführungen (*Dreier*/Schulze, § 73 Rn. 8, 12; s. auch Rn. 60).

466 **Geschützte Leistung** ist die persönliche Darbietung (Sänger, Musiker, Schauspieler) sowie die künstlerische Mitwirkung (Dirigent, Regisseur). Anders als bei § 19 Abs. 1, 2 UrhG muss die Darbietung nicht in der Öffentlichkeit erfolgen, weshalb auch Studiomusiker ein Leistungsschutzrecht erwerben (Schricker/Loewenheim/*Krüger*, § 73 Rn. 16).

III. Wissenschaftlich sichtende und verlegerische Leistung

467 **1. Wissenschaftliche Ausgaben (§ 70 UrhG).** Ein Leistungsschutzrecht erhält, wer urheberrechtlich nicht bzw. nicht mehr geschützte Werke (§ 2 Abs. 1 UrhG) oder Texte durch sichtende, ordnende oder abwägende Arbeit unter Verwendung wissenschaftlicher Methoden zusammenstellt und der Öffentlichkeit zugänglich macht (Schricker/*Loewenheim*, § 70 Rn. 7).

468 **Beispiele:**
H gibt eine nach bestimmten Kriterien zusammengestellte Sammlung von Goethe-Gedichten heraus. W rekonstruiert einen Prozess vor dem Reichsgericht anhand zeitgenössischer Berichte aus Tageszeitungen (BGH GRUR 1975, 667, 668 – Reichswehrprozess).

469 Auf das **Leistungsschutzrecht für wissenschaftliche Ausgaben** finden die Vorschriften über das Urheberrecht entsprechende Anwendung, so dass ein vergleichbarer Schutz der verwertungs- und persönlichkeitsrechtlichen Interessen gewährleistet ist. Die Schutzdauer ist dagegen auf 25 Jahre verkürzt, beginnend ab Erscheinen der wissenschaftlichen Ausgabe (§ 70 Abs. 3 UrhG).

470 **2. Nachgelassene Werke (§ 71 UrhG).** Wer ein bislang nicht erschienenes (§ 6 Abs. 2 UrhG) Werk nach Erlöschen des Urheberrechts (§ 64 ff. UrhG) erstmals erlaubterweise erscheinen lässt (§ 6 Abs. 2 UrhG) oder öffentlich wiedergibt (§ 15 Abs. 2 UrhG), erlangt das ausschließliche Recht zur Verwertung (§ 15 Abs. 1, 2 UrhG) dieser Leistung. Gleiches gilt für ein Werk, das im Geltungsbereich des UrhG niemals geschützt war und dessen Urheber länger als 70 Jahre tot ist. Nach dieser Vorschrift ist dem Land Sachsen-Anhalt Schutz für die ca. 3.800 Jahre alte Himmelsscheibe von Nebra zugesprochen worden (LG Magdeburg GRUR 2004, 672 – Himmelsscheibe von Nebra, dazu *Eberl*, GRUR 2006, 1009; *Götting/Lauber-Rönsberg*, GRUR 2007, 303).

Beispiel: **471**
W verlegt erstmals eine bislang nicht erschienene Partitur einer Oper von Georges Bizet († 1875), s. dazu BGH GRUR 1975, 447 – TE DEUM

Das Leistungsschutzrecht für nachgelassene Werke beschränkt sich auf das **472** 25 Jahre während (§ 71 Abs. 3 UrhG) ausschließliche Recht des Inhabers zur Verwertung (§§ 15 ff. UrhG) der Ausgabe. Persönlichkeitsrechtliche Befugnisse verleiht es dagegen nicht (Wandtke/Bullinger/*Thum*, § 71 Rn. 31).

IV. Unternehmerische Leistungen

Das UrhG gewährt Leistungsschutzrechte auch für bestimmte, meist mit nicht **473** unerheblichen finanziellen Aufwendungen und Anstrengungen verbundene unternehmerische Leistungen mit Bezügen zum Urheberrecht. Die Leistungsschutzberechtigten erhalten dadurch eigene Rechtspositionen und sind nicht auf von den Urhebern abgeleitete Rechte angewiesen.

1. Tonträgerhersteller (§ 85 UrhG). Das Leistungsschutzrecht für den Hersteller **474** von Tonträgern ermöglicht diesem, unabhängig von den Urhebern der aufgenommenen Musikwerke aus *eigenem* Recht gegen die unerlaubte Vervielfältigung, Verbreitung und öffentliche Zugänglichmachung seiner Tonträger vorzugehen. Tonträger in diesem Sinne sind Vorrichtungen zur wiederholbaren Wiedergabe von Tonfolgen (s. § 16 Abs. 2 UrhG). Die aufgenommenen Töne müssen dabei kein Musikwerk im Sinne des § 2 Abs. 1 Nr. 2 UrhG sein; auch Klänge oder Geräusche sind umfasst (Dreier/*Schulze*, § 85 Rn. 18).

Schon die **Entnahme kleinster „Tonfetzen"** greift (sogar unabhängig von deren **475** urheberrechtlicher Schutzfähigkeit) in das Recht des Tonträgerherstellers ein. So sah der BGH (GRUR 2009, 404 – Metall auf Metall) in der Entnahme einer Rhythmussequenz von nur zwei Sekunden (!) eine Verletzung des Tonträgerherstellerrechts

Inhaber des Leistungsschutzrechts ist derjenige, der die wirtschaftliche, orga- **476** nisatorische und technische Leistung erbringt, das Tonmaterial erstmalig auf einem Tonträger aufzuzeichnen (BGH GRUR 2009, 404 – Metall auf Metall). Inhaber des Tonträgerherstellerrechts ist daher zumeist ein Unternehmen. Seit Ende 2008 gilt zu seinen Gunsten die Vermutung der Rechtsinhaberschaft des § 10 Abs. 1 UrhG (§ 85 Abs. 4 UrhG, s. Rn. 155 ff.), wenn er in üblicher Art auf dem Vervielfältigungsstück benannt wird.

477 Das Verbreitungsrecht des Tonträgerherstellers unterliegt der Erschöpfung (BGH GRUR 1981, 587 – Schallplattenimport). Das Leistungsschutzrecht erlischt insgesamt 50 Jahre nach Erscheinen des Tonträgers (§ 85 III UrhG).

478 **2. Filmhersteller (§ 94 UrhG).** Für die Übernahme der wirtschaftlichen Verantwortung und der organisatorischen Tätigkeit bei der Produktion eines zur Auswertung geeigneten Filmwerkes erhält der Filmhersteller ein 50 Jahre währendes Leistungsschutzrecht. Filmhersteller ist dabei diejenige natürliche oder juristische Person, die tatsächlich in diesem Sinn tätig geworden ist (BGH GRUR 1993, 472 – Filmhersteller).

479 Das **Leistungsschutzrecht entsteht** mit der Herstellung eines zur wiederholten Wiedergabe geeigneten Bild- oder Bild-/Tonträgers, auf dem der Film aufgenommen ist (Schricker/Loewenheim/*Katzenberger*, § 94 Rn. 9). Geschützt ist nicht der Filmträger (Filmstreifen, DVD, Masterband) als materielles Gut, sondern die darin verkörperte organisatorische und wirtschaftliche Leistung des Filmherstellers (BGH GRUR 2008, 693, Rn. 16 – TV-Total).

480 Der Filmhersteller hat das ausschließliche Recht, den Filmträger (Filmstreifen, Magnetband, DVD) zu verwerten (vervielfältigen, verbreiten, senden etc.). Er kann daher aus eigenem Recht beispielsweise gegen illegale Kopien des Filmes vorgehen.

481 Den gleichen Schutz genießt der Hersteller von **Laufbildern (§ 95 UrhG).**

482 **3. Sendeunternehmen (§ 87 UrhG).** Sendeunternehmen erhalten für die Veranstaltung ihrer Sendung ein Leistungsschutzrecht, das ihnen eine Reihe von Verwertungshandlungen in Bezug auf diese Sendung ausschließlich zuordnet (§ 87 Abs. 1 UrhG). So sind insbesondere die Weitersendung sowie die Aufzeichnung auf Bild- oder Tonträger und deren Vervielfältigung und Verbreitung nur mit Zustimmung des Sendeunternehmens zulässig.

483 **Beispiele:**
- G stellt in seinem Biergarten eine Leinwand auf und zeigt dort die Live-Übertragung eines Fußballspiels: zulässig, sofern G keinen Eintritt nimmt (§ 87 Abs. 1 Nr. 3 UrhG).
- Außerhalb der Fußballsaison möchte G Spielfilme aus dem laufenden Fernsehprogramm zeigen: unzulässig, denn hier ist neben § 87 Abs. 1 UrhG auch § 19 Abs. 4 UrhG zu beachten (Vorführungsrecht für ein Filmwerk), das auch bei Unentgeltlichkeit allein dem Filmurheber zusteht.

4. Veranstalter (§ 81 UrhG). Dem Veranstalter von Darbietungen ausübender **484**
Künstler (s. Rn. 463 ff.) stehen die gleichen Verwertungsrechte (§§ 77, 78 Abs. 1
UrhG) zu wie den ausübenden Künstlern (§ 81 UrhG). Wie dort muss es sich
um die Veranstaltung der Darbietung eines Werkes oder einer Ausdrucksform
der Volkskunst handeln (s. dazu o. Rn. 465), so dass es gerade für den wirtschaftlich besonders relevanten Bereich der Sportveranstaltung (Fußball etc.)
keinen immaterialgüterrechtlichen Schutz gibt (BGH GRUR 1990, 702, 705 –
Sportübertragungen). In Betracht kommen für diese – je nach Fallgestaltung –
nur vertragliche Ansprüche, Ansprüche aus dem Hausrecht oder § 823 Abs. 1
BGB (Recht am eingerichteten und ausgeübten Gewerbebetrieb) oder Ansprüche aus dem UWG (s. dazu BGH GRUR 2011, 436 – hartplatzhelden.de).

5. Schutz des Datenbankherstellers (§§ 87a–87e UrhG). Datenbanken werden, **485**
wenn sie die erforderliche Schöpfungshöhe erreichen, als **Datenbankwerk** nach
§ 4 Abs. 2 UrhG (s. dazu Rn. 92) geschützt. Hiervon scharf zu unterscheiden ist
das Leistungsschutzrecht des Datenbankherstellers für **Datenbanken** (Definition in § 87a Abs. 1 UrhG) nach den §§ 87a ff. UrhG. Es handelt sich hierbei um
einen bloßen Investitionsschutz. Zentrale Schutzvoraussetzung des § 87a
UrhG ist das Tätigen einer nach Art oder Umfang wesentlichen *Investition*. Eine
schöpferische Leistung ist nicht erforderlich. Inhaber des Leistungsschutzrechts ist derjenige, der die wesentliche Investition getätigt hat (§ 87a Abs. 2
UrhG). Der Leistungsschutz dauert 15 Jahre (§ 87d UrhG). Mit dem Schutz des
Datenbankherstellers entfernt sich das Urheberrecht sehr weit von seiner
Grundidee, schöpferische Leistungen schützen zu wollen.

Paralleler Urheberrechtsschutz nach § 4 Abs. 2 UrhG und Leistungsschutz **486**
nach § 87a UrhG an derselben Datenbank ist möglich und kann verschiedenen
Personen zustehen (Schricker/Loewenheim/*Vogel*, Vor §§ 87a ff. Rn. 42).

Beispiel: **487**
U erstellt im Auftrag seines Arbeitgebers A unter Aufwendung erheblicher
Mittel des A eine Urteilsdatenbank zum Urheberrecht. Er wählt dabei die
Entscheidungen nach bestimmten Kriterien (Praxisrelevanz etc.) aus. U er-
wirbt ein Urheberrecht nach § 4 Abs. 2 UrhG, A ein Leistungsschutzrecht
nach § 87a Abs. 1 UrhG.

7. Kapitel   **Rechtsverletzungen**

I.   Überblick

488   Urheberrechte und Leistungsschutzrechte nützen in der Praxis nichts, wenn ihre Verletzung nicht sanktioniert werden kann. Das UrhG hält für den Verletzungsfall zwei Möglichkeiten bereit: Zum einen gewährt es dem Urheber, dem Leistungsschutzberechtigten und dem Inhaber eines ausschließlichen Nutzungsrechts zivilrechtliche Ansprüche gegen der Verletzer. Der Inhaber des verletzten Rechts kann insbesondere Unterlassung und Beseitigung, im Falle des schuldhaften Handelns auch Schadensersatz verlangen. Daneben sind viele Rechtsverletzungen auch strafbar.

II.   Zivilrecht

489   **1. Überblick.** Zentrale Anspruchsgrundlage bei Verletzungen des Urheberrechts, der Leistungsschutzrechte sowie ausschließlicher Nutzungsrechte (§ 31 Abs. 3 UrhG) ist § 97 UrhG. In dessen Abs. 1 finden sich der Unterlassungs- und der Beseitigungsanspruch, in Abs. 2 Satz 1 der Schadensersatzanspruch. Die folgenden Vorschriften geben dem Verletzten weitere Ansprüche gegen der Verletzer, unter anderem auf Vernichtung oder Überlassung der rechtswidrig hergestellten oder verbreiteten Vervielfältigungsstücke (§ 98 UrhG), auf Vernichtung oder Überlassung von Vorrichtungen (§ 99 UrhG) sowie Auskunftsansprüche (§ 101 UrhG). Ferner ist nunmehr auch die Abmahnung gesetzlich geregelt (§ 97a UrhG).

490   Daneben können auch Anspruchsgrundlagen aus anderen Gesetzen herangezogen werden (§ 102a UrhG). Von Bedeutung ist insbesondere § 812 Abs. 1 S. 1 Alt. 2 BGB (Eingriffskondiktion). Danach ist der Verletzer auch ohne Verschulden zur Herausgabe des Erlangten – dem Gebrauch des immateriellen Schutzgegenstandes – verpflichtet und muss mangels Herausgabemöglichkeit in Natur Wertersatz (§ 818 Abs. 2 BGB) in Höhe einer angemessenen Lizenz (Lizenzanalogie) leisten (BGH GRUR 1982, 301 – Kunststoffhohlprofil II).

2. Gemeinsame Voraussetzungen. – a) Geschützte Rechte. Sämtliche Ansprü- **491**
che setzen die widerrechtliche Verletzung eines „nach diesem Gesetz" geschützten Rechts voraus. Dies umfasst sämtliche durch das UrhG gewährten
absoluten Rechte (Dreier/*Schulze*, § 97 Rn. 3). Das sind zunächst das Urheberrecht mit den aus ihm folgenden Verwertungs- und Urheberpersönlichkeits-
rechten (Rn. 168 ff.) sowie die Leistungsschutzrechte (Rn. 458 ff.). Geschützt
sind aber auch ausschließliche Nutzungsrechte (§ 31 Abs. 3 UrhG), da diese
ihrem Inhaber ebenfalls ein Ausschließlichkeitsrecht einräumen sowie das
Verwertungsverbot des § 96 UrhG. Nicht zu den geschützten Rechten im Sinne
des § 97 UrhG zählen hingegen Vergütungs- und sonstige Zahlungsansprüche
(beispielsweise das Folgerecht), denn diese richten sich stets nur gegen eine
bestimmte Person und sind deshalb keine absoluten Rechte.

b) Rechtswidrigkeit. Eingriffe in urheberrechtliche Befugnisse sind grundsätz- **492**
lich rechtwidrig, es sei denn, das Gesetz oder der Inhaber der entsprechenden
urheberrechtlichen Befugnisse erlaubt sie. Von Bedeutung sind hier insbesondere die Schrankenbestimmungen (s. 5. Kapitel) sowie eingeräumte Nutzungsrechte (sowohl einfache als auch ausschließliche). Soweit eine Schranke oder
ein Nutzungsrecht zugunsten des Handelnden reicht, ist der Eingriff nicht
rechtswidrig. Denkbar ist ferner eine (rechtfertigende) Einwilligung in die
Rechtsverletzung (BGH GRUR 2010, 628, Rn. 33 – Vorschaubilder).

3. Unterlassungs- und Beseitigungsanspruch (§ 97 Abs. 1 UrhG). In der Praxis **493**
von zentraler Bedeutung sind die Unterlassungs- und Beseitigungsansprüche.
Dem Inhaber eines Immaterialgüterrechts ist in aller Regel zunächst daran gelegen, die Rechtsverletzung zu beenden (Beseitigungsanspruch) sowie die er-
neute Rechtsverletzung zu unterbinden (Verletzungsunterlassungsanspruch)
bzw. eine bevorstehende (erstmalige) Rechtsverletzung zu verhindern (vorbeugender Unterlassungsanspruch). All diese Ansprüche setzten kein Verschulden voraus.

a) Beseitigungsanspruch. Der Beseitigungsanspruch ist auf die Beendigung **494**
des rechtswidrigen Zustands gerichtet und setzt (nur) eine noch andauernde
widerrechtliche Rechtsverletzung voraus.

> **Beispiele:** **495**
> Entfernung eines rechtswidrig vervielfältigten und verbreiteten Romans aus
> dem Verkauf; Löschen einer MP3-Datei aus einer „Tauschbörse".

b) Verletzungsunterlassungsanspruch. Der Verletzungsunterlassungsan- **496**
spruch setzt neben der widerrechtlichen Rechtsverletzung eine Wieder-

holungsgefahr (§ 97 Abs. 1 S. 1 UrhG) voraus. Dies ist die Gefahr, dass der Verletzer eine weitere gleichartige Rechtsverletzung begeht. Die Wiederholungsgefahr wird allerdings durch die bereits eingetretene Rechtsverletzung indiziert (Schricker/Loewenheim/*Wild*, § 97 Rn. 123). Sie entfällt nicht bereits durch Abstandnahme des Verletzers von weiteren Handlungen, sondern nur durch eine **strafbewehrte Unterlassungserklärung** (näher u. Rn. 515).

Der Unterlassungsanspruch setzt kein Verschulden voraus. Dieses ist also nicht zu prüfen. Die Wiederholungsgefahr ist nach h.M. eine materielle Voraussetzung des Anspruchs, ist also bei den Voraussetzungen des materiellen Anspruchs mitzuprüfen. Ferner finden die Haftungsprivilegierungen der §§ 7–10 TMG auf den Unterlassungsanspruch **keine** Anwendung (BGH GRUR 2007, 708, Rn. 17 – Internet-Versteigerung II).

497 **c) Vorbeugender Unterlassungsanspruch.** Ein Unterlassungsanspruch besteht bereits vor einer Rechtsverletzung, sofern diese hinreichend konkret droht (§ 97 Abs. 1 S. 2 UrhG). An die Stelle der Wiederholungsgefahr tritt hier die Erstbegehungsgefahr. Dazu bedarf es ernsthafter und greifbarer tatsächlicher Anhaltspunkte dafür, dass der Anspruchsgegner sich in naher Zukunft in der näher bezeichneten Weise rechtswidrig verhalten werde (BGH GRUR 2001, 1174, 1175 – Berühmungsaufgabe). In Betracht kommt dies insbesondere, wenn jemand bereits konkrete Vorbereitungen zu rechtsverletzenden Handlungen trifft oder solche ernsthaft ankündigt (Wandtke/Bullinger/*v. Wolff*, § 97 Rn. 41).

498 **d) Passivlegitimation. – aa) Täter und Teilnehmer.** Schuldner des Unterlassungs- und Beseitigungsanspruches ist derjenige, der die rechtsverletzende Handlung vorgenommen hat (Täter) sowie derjenige, der dem Täter dazu Hilfe geleistet oder ihn angestiftet hat (Teilnehmer, § 830 Abs. 2 BGB).

499 **bb) Störer.** Vor allem im Zusammenhang mit Rechtsverletzungen im Internet kommt der sog. Störerhaftung immense Bedeutung zu. Als Störer haftet, wer – ohne Täter oder Teilnehmer zu sein – in irgendeiner Weise willentlich und adäquat-kausal zur Verletzung eines geschützten absoluten Rechts beiträgt und dabei zumutbare Prüfpflichten verletzt (BGH GRUR 2010, 633, Rn. 19 – Sommer unseres Lebens). Eine Haftung als Störer setzt weder Verschulden noch Kenntnis in Bezug auf die konkrete Urheberrechtsverletzung voraus. (Hinweis: Im Lauterkeitsrecht (UWG) ist die Störerhaftung durch eine täterschaftliche Haftung für eine Verletzung von Verkehrspflichten substituiert worden: BGH GRUR 2007, 890, Rn. 21 – Jugendgefährdende Medien bei eBay; BGH GRUR

2009, 597, Rn. 16 – Halzband; BGH GRUR 2011, 152, Rn. 48 – Kinderhochstühle im Internet). Für das Urheberrecht will der BGH anscheinend die Störerhaftung beibehalten; kritisch *Köhler*/Bornkamm, § 8 Rn. 2.17).

Beispiel: **500**
B betreibt auf seiner Internetseite ein öffentliches Forum zum Thema Kochrezepte. U postet dort ein Rezept nebst einer entsprechenden Fotografie, die er ohne Zustimmung des Urhebers von einer anderen Internetseite heruntergeladen hatte. Dieser verlangt von B die Abgabe einer strafbewehrten Unterlassungserklärung. B ist weder Täter noch Teilnehmer, denn er hat die im Einstellen der Fotografie liegende Vervielfältigung (§ 16 UrhG) sowie die öffentliche Zugänglichmachung (§ 19a UrhG) nicht selbst vorgenommen. Mangels entsprechenden Vorsatzes kommt auch keine Teilnehmerhaftung in Betracht. B hat allerdings durch den Betrieb des Forums und der damit verbundenen Möglichkeit des Hochladens urheberrechtlich geschützter Bilder willentlich einen Beitrag zu Urheberrechtsverletzung des U geleistet, denn ohne das Forum hätte dieser die konkrete Verletzung nicht vornehmen können. Die Urheberrechtsverletzung liegt auch nicht außerhalb jeglicher Vorstellung, so dass der Betrieb des Forums und damit das Verhalten des B adäquat-kausal für die Urheberrechtsverletzung des U war. Für eine Haftung als Störer ist nunmehr entscheidend, ob B eine Prüfpflicht verletzt hat. Das OLG Hamburg (ZUM 2009, 417, 419) verneinte dies.

Anders liegend die Dinge, wenn sich der Betreiber des Forums die eingestellten Beiträge und Fotografien zu Eigen macht, beispielsweise indem er hochgeladene Bilder redaktionell sichtet oder bearbeitet. Hier kommt sogar eine Haftung als Täter in Betracht (BGH GRUR 2010, 616 – marions-kochbuch.de).   **501**

Beispiel (nach BGH GRUR 2010, 633 – Sommer unseres Lebens):   **502**
B unterhält einen Internetanschluss, an den ein WLAN-Router angeschlossen ist. Anhand der IP-Adresse wurde ermittelt, dass über den Anschluss des B Musikdateien in Tauschbörsen angeboten wurden (§ 19a UrhG). B war zum Zeitpunkt der Rechtsverletzung nachgewiesenermaßen urlaubsabwesend. Er ist deshalb weder Täter der Urheberrechtsverletzung noch Teilnehmer der durch den unbekannten Dritten begangenen Urheberrechtsverletzung, weil ihm insoweit jedenfalls der dafür erforderliche Vorsatz fehlte. B haftet aber als Störer, da er es unterlassen hatte, sein drahtloses Netzwerk hinreichend abzusichern (zu verschlüsseln). Der Betrieb eines nicht ausreichend gesicherten WLAN-Anschlusses ist nach Meinung des BGH adäquat-kausal für Ur-

heberrechtsverletzungen, die unbekannte Dritte unter Einsatz dieses Anschlusses begehen. Auch privaten Anschlussinhabern obliegen insoweit Prüfungspflichten, deren Verletzung zu einer Störerhaftung führt. Offen blieb in der Entscheidung, was im Einzelnen zumutbar ist. Zumindest Privatanwender müssen sich nicht fortwährend auf den neuesten Stand der Technik bringen. Vielmehr genügt es, die im Kaufzeitpunkt üblichen Sicherungen einzusetzen. Derzeit ist die WPA2-Verschlüsselung Stand der Technik.

503   4. **Schadensersatzanspruch (§ 97 Abs. 2 UrhG).** Unterlassungs- und Beseitigungsanspruch sind verschuldensunabhängig. Handelt der Verletzer schuldhaft, d. h. vorsätzlich oder fahrlässig (§ 276 Abs. 2 BGB), ist er dem Verletzten außerdem zum Schadensersatz verpflichtet (§ 97 Abs. 2 S. 1 UrhG).

504   Zur Bezifferung der Schadensersatzsumme sind im Immaterialgüterrecht drei Berechnungsmethoden anerkannt, zwischen denen der Gläubiger frei wählen kann. Der Gläubiger kann den beim ihm **eingetretenen Schaden**, d. h. insbesondere den entgangenen Gewinn (§ 252 BGB), geltend machen. Die Berechnung bereitet in der Praxis indes meist erhebliche Schwierigkeiten, da eine konkrete Vermögenseinbuße häufig kaum festzustellen bzw. entgangener Gewinn schlecht hinreichend sicher darzulegen ist. Alternativ kann der Verletzte deshalb als Schaden den Betrag verlangen, den der Verletzer im Falle eines Lizenzerwerbs hätte zahlen müssen (§ 97 Abs. 2 S. 3 UrhG), sog. **Lizenzanalogie.** Der Verletzer kann sich dabei nicht darauf berufen, dass er niemals eine kostenpflichtige Lizenz erworben hätte oder der Rechtsinhaber seine Rechte ohnehin nicht lizenziere (Fromm/Nordemann/*J. B. Nordemann*, § 97 Rn. 88, f.). Entscheidend ist, was ein vernünftiger Lizenzgeber gefordert und ein vernünftiger Lizenznehmer verlangt hätte (BGH GRUR 1990, 1008, 1009 – Lizenzanalogie). Als dritte Variante kann der Verletzte den vom Verletzer erzielten Gewinn als Schaden geltend machen (sog. **Verletzergewinn**). Dieser anerkannte Anspruch kann an § 97 Abs. 2 S. 2 UrhG festgemacht werden. Der Wortlaut des § 97 Abs. 2 S. 2 UrhG ist allerdings seit der Umsetzung der Enforcement-Richtlinie der EU (2004/48/EG) weiter und scheint auch die Gewährung eines dem deutschen Recht unbekannten Strafschadensersatzes zu ermöglichen. Zur Bestimmung des Verletzergewinns sind vom Verkaufserlös die auf das rechtsverletzende Produkt (CD, DVD, Buch) bezogenen Herstellungs- und Vertriebskosten, nicht aber die Gemeinkosten des Unternehmens abzuziehen (BGH GRUR 2001, 329, 331 – Gemeinkostenanteil).

Der **Schadensersatzanspruch** umfasst bei Urhebern, Verfassern wissenschaftlicher Ausgaben, Lichtbildnern und ausübenden Künstlern auch den Ersatz immaterieller Schäden, wenn und soweit dies der Billigkeit entspricht (§ 97 Abs. 2 S. 4 UrhG). Von Bedeutung ist dies insbesondere bei der fehlenden oder fehlerhaften Urheberbenennung. Hier wird im Verletzungsfall meist die Lizenz verdoppelt (OLG Düsseldorf, GRUR-RR 2006, 393, 394 – Informationsbroschüre m.w.N.).

505

Eine **Besonderheit** gibt es bei der Verletzung von Rechten zur öffentlichen Wiedergabe von Musikwerken, die von der Gesellschaft für musikalische Aufführungs- und mechanische Vervielfältigungsrechte (GEMA) wahrgenommen werden. Die **GEMA** kann pauschal die doppelte Tarifgebühr als Schaden geltend machen, um dadurch ihre erheblich Verwaltungs- und Überwachungskosten zu finanzieren sowie einen Anreiz zur vorherigen Einholung der notwendigen Rechte zu geben (s. BGH GRUR 1973, 379 – Doppelte Tarifgebühr; GRUR 1986, 376, 380 – Filmmusik).

506

5. Rechtsdurchsetzung. – a) Gerichtlich. – aa) Überblick. Der Verletzte kann seine Ansprüche gerichtlich im Wege der Klage (Hauptsacheverfahren) oder mittels eines Antrags auf Erlass einer einstweiligen Verfügung (Verfügungsverfahren) durchsetzen. Das Verfügungsverfahren regelt die Angelegenheit zwar nur vorläufig und ist auf die Geltendmachung von Unterlassungsansprüchen beschränkt, doch erlangt der Verletzte damit ungleich schneller (u.U. innerhalb von Stunden) als im Hauptsacheverfahren einen vollstreckbaren Titel. Fast alle Unterlassungsansprüche werden deshalb (zunächst) im Verfügungsverfahren geltend gemacht, wenn sie nicht außergerichtlich zu klären sind (s. Rn. 515 ff.).

507

bb) Rechtsweg und Zuständigkeit. Für Ansprüche bei Urheberrechtsverletzungen ist der ordentliche Rechtsweg (Amts-, Land- und Oberlandesgerichte sowie Bundesgerichtshof) eröffnet (§ 104 UrhG). Die örtliche Zuständigkeit richtet sich nach dem Wohn- oder Geschäftssitz des Beklagten (§§ 12, 13, 17 ZPO, sog. allgemeiner Gerichtsstand) bzw. nach dem Ort der unerlaubten Handlung (§ 32 ZPO). Da letztere sowohl den Handlungs- als auch den Erfolgsort umfasst und Immaterialgüterrechte aufgrund ihrer fehlenden materiellen Verkörperung grundsätzlich überall verletzt werden können, gibt es in aller Regel eine Vielzahl von Gerichtsständen, aus denen der Kläger frei wählen kann (§ 35 ZPO, sog. „fliegender Gerichtsstand").

508

509

Beispiel:
C hat in Berlin den Reichstag verhüllt. V fotografiert das Werk und fertigt in seinem Münchener Studio Abzüge an, die er in Hamburg verkauft. – Der verhüllte Reichstag ist ein Werk der bildenden Künste (§ 2 Abs. 1 Nr. 4 UrhG). V verletzt das Vervielfältigungs- und das Verbreitungsrecht des C. Insbesondere greift die Schranke des § 59 UrhG nicht ein (BGH GRUR 2002, 605 – Verhüllter Reichstag; s. 432). Örtlich zuständig sind Berliner, Münchener und Hamburger Gerichte, unter den C frei wählen kann (§ 35 ZPO).

510   Bei einem Streitwert bis 5.000 Euro sind die Amtsgerichte, ansonsten die Landgerichte in der ersten Instanz sachlich zuständig (§§ 23 Nr. 1, 71 Abs. 1 GVG). § 105 UrhG ermöglicht die (örtliche) Konzentration urheberrechtlicher Streitigkeiten bei bestimmten Amts- oder Landgerichten.

 Die Fallfrage einer Klausur ist sorgfältig daraufhin zu untersuchen, ob prozessuale Erwägungen gefordert sind.
Beispiel: „Hat die Klage Aussicht auf Erfolg?"

511   **cc) Besonderheiten des Verfügungsverfahrens.** Dem Rechtsinhaber ist meist vor allem daran gelegen, die Rechtsverletzung möglichst schnell zu unterbinden. Wenn er dieses Ziel nicht schon mit der Abmahnung (dazu sogleich) erreicht, kann er beim zuständigen (s. Rn. 508) i.V.m. § 937 Abs. 1 ZPO) Gericht einen Antrag auf Erlass einer einstweiligen Anordnung (§§ 935, 940 ZPO) stellen. Im Erfolgsfalle bekommt er daraufhin innerhalb kürzester Zeit einen sofort vollstreckbaren Unterlassungstitel gegen den Rechtsverletzer in die Hand.

512   Neben dem Unterlassungsanspruch als sog. Verfügungsanspruch muss der Antragsteller die Eilbedürftigkeit einer gerichtlichen Entscheidung im Verfügungsverfahren **glaubhaft** (s. § 294 ZPO) **machen** (sog. Verfügungsgrund). Anders als im Lauterkeitsrecht (§ 12 Abs. 2 UWG) wird diese nicht schon durch die Rechtsverletzung vermutet, doch sollten im Interesse effektiven Rechtsschutzes keine überzogenen Anforderungen gestellt werden (Wandtke/Bullinger/*Kefferpütz*, vor §§ 97 ff. Rn. 77 ff.). Eine Urheberrechtsverletzung rechtfertigt daher in aller Regel auch ein Verfügungsverfahren.

513   Wird über den Antrag mündlich verhandelt, ergeht die Entscheidung **durch Urteil**, anderenfalls **durch Beschluss** (§ 922 Abs. 1 ZPO). Da dem Antragsgegner im Falle der Beschlussverfügung noch kein rechtliches Gehör gewährt wurde, kann dieser jederzeit Widerspruch gegen den Beschluss erheben, über den dann nach mündlicher Verhandlung durch Urteil entschieden wird (§§ 924,

925 ZPO). Gegen die Urteile ist Berufung, jedoch keine Revision zulässig (§ 542 Abs. 2 ZPO).

Eine einstweilige Verfügung ist zwar sofort vollstreckbar, doch noch nicht von **514** dauerhaftem Bestand. Der Antragsgegner kann jederzeit beantragen, die Verfügung wegen veränderter Umstände aufzuheben (§ 927 ZPO) sowie den Antragsteller zur Erhebung einer Klage im Hauptsacheverfahren zu verpflichten (§ 926 ZPO). Endgültige Rechtssicherheit bringt deshalb erst eine Entscheidung im Hauptsacheverfahren. Halten die Parteien nach dem Verfügungsverfahren eine weitere gerichtliche Klärung für entbehrlich, wird eine rechtskräftige Entscheidung durch das sog. **Abschlussverfahren** nachgebildet. Damit verzichtet der Antragsgegner im Anschluss an das Verfügungsverfahren auf seine Rechtsbehelfe gegen die einstweilige Verfügung und erkennt diese als abschließende Regelung des Streits an. Die einstweilige Verfügung steht dann in ihren Wirkungen einem Unterlassungsurteil gleich, ohne dass noch ein Hauptsacheverfahren geführt werden müsste.

Ist der Verletzer mit der gegen ihn ergangenen einstweiligen Verfügung einverstanden, sollte er innerhalb kurzer Frist (sicherheitshalber nicht mehr als 14 Tagen, näher Loewenheim/*Rojahn*, § 93 Rn. 63) von sich aus die Abschlusserklärung gegenüber dem Antragsteller abgeben. Er vermeidet damit weitere Anwaltskosten, die anderenfalls anfallen, wenn ihn der Verletzte anwaltlich zur Abgabe der Abschlusserklärung auffordern lässt.

b) Außergerichtlich. Dem gerichtlichen Verfahren (Klage oder Antrag auf Er- **515** lass einer einstweiligen Verfügung) geht in aller Regel eine **Abmahnung** voraus (§ 97a Abs. 1 S. 1 UrhG). Damit fordert der Rechtsinhaber den Verletzer auf, eine **strafbewehrte Unterlassungserklärung** abzugeben. Darin verpflichtet sich der Verletzer vertraglich gegenüber dem Rechtsinhaber, die konkrete Rechtsverletzung zukünftig zu unterlassen (Unterlassungsverpflichtung) und bei einem Verstoß gegen diese Verpflichtung eine Vertragsstrafe an den Rechtsinhaber zu zahlen (Strafbewehrung).

Die Vertragsstrafe muss nicht konkret beziffert werden. Es genügt nach dem sog. „Hamburger Brauch", dass sich der Verletzer für den Fall der Zuwiderhandlung gegen die übernommene Unterlassungsverpflichtung zur Zahlung einer Vertragsstrafe verpflichtet, deren Höhe in das billige Ermessen des Gläubigers gestellt wird und die gegebenenfalls durch das zuständige Gericht überprüft werden kann (s. § 315 BGB; näher Loewenheim/*Vinck*, § 81 Rn. 24).

516 Mit Abgabe der strafbewehrten Unterlassungserklärung entfällt die für den gesetzlichen Unterlassungsanspruch notwendige Wiederholungsgefahr, ohne dass gerichtliche Hilfe in Anspruch genommen werden muss.

517 Der Verletzer hat dem Rechtsinhaber die für die berechtigte Abmahnung erforderlichen Kosten zu ersetzen (§ 97a Abs. 1 S. 2 UrhG). Dies sind typischerweise die von ihm aufgewendeten Rechtsanwaltskosten. Da sich diese anhand des Gegenstandswertes bemessen (§ 2 Abs. 1 RVG) und dieser bei urheberrechtlichen Streitigkeiten nicht selten im fünfstelligen Bereich liegt, kommen dabei leicht erhebliche Kosten zusammen.

> Bei einem Gegenstandswert von 10.000 Euro beträgt die 1,3fache Verfahrensgebühr nach RVG-VV Nr. 3100 631,80 Euro. Zzgl. 20,00 Euro Auslagenpauschale und 19% MwSt. ergibt sich eine Kostennote von 775,64 Euro.

518 Zur Begrenzung des Kostenrisikos für Privatpersonen beschränkt seit 2008 § 97a Abs. 2 UrhG die erstattungsfähigen Kosten der erstmaligen Abmahnung in **einfach gelagerten Fällen mit einer nur unerheblichen Rechtsverletzung außerhalb des geschäftlichen Verkehrs** auf 100 Euro. Unklar ist dabei, welche Urheberrechtsverletzungen sich innerhalb dieses Rahmens halten. Teilweise ist die Rechtsprechung übertrieben streng. Schon das Einstellen *eines* kompletten Musik-Albums in eine Internet-Tauschbörse wurde als nicht mehr unerhebliche Rechtsverletzung angesehen (LG Köln MMR 2010, 559). Eine solche Rechtsprechung läuft Gefahr, das Ziel des Gesetzgebers, Privatpersonen vor dem sog. „Abmahnunwesen" zu schützen, zu unterlaufen.

> Die Erstattung der Anwaltskosten oder Schadensersatz bzw. die vertragliche Verpflichtung dazu ist **keine** Voraussetzung für den Wegfall der Wiederholungsgefahr. Dafür genügt es, die strafbewehrte Unterlassungsverpflichtung zu unterschreiben. Über die Kosten und eventuellen Schadensersatz kann man später verhandeln oder prozessieren; in jedem Falle sind die für einen solchen Kostenprozess anfallenden Gebühren deutlich geringer, da sie auf Grundlage des Streitwerts bemessen werden und dieser der Kostenforderung entspricht (in unserem Beispiel also 775,64 Euro und nicht 10.000 Euro wie für den Unterlassungsanspruch).

519 Der Rechtsinhaber ist nicht verpflichtet, vor Einleitung eines gerichtlichen Verfahrens abzumahnen, sondern kann auch sofort klagen oder einen Antrag auf Erlass einer einstweiligen Unterlassung stellen. Allerdings läuft er in diesem Fall Gefahr, dass der Verletzer den Unterlassungsanspruch sofort anerkennt, woraufhin der Rechtsinhaber, obwohl er in der Sache voll obsiegt, sämtliche Kosten des Rechtsstreits zu tragen hat (§ 93 ZPO). In der Praxis empfiehlt sich deshalb in aller Regel, zunächst eine Abmahnung auszusprechen. Oft genügt das bereits, um die Rechtsverletzung abzustellen.

> Eine Abmahnung sollte man keinesfalls ignorieren (so wie es häufig für unberechtigte Zahlungsaufforderungen dubioser Geschäftemacher empfohlen wird), sondern zügig handeln.

c) Verjährung. Die Ansprüche verjähren nach den allgemeinen Vorschriften des BGB (§ 102 UrhG), somit drei Jahre ab Kenntnis oder grob fahrlässiger Unkenntnis von der Rechtsverletzung, spätestens aber zehn Jahre ab Entstehung (§§ 195, 199 BGB). Unabhängig davon haftet der Verletzer zehn Jahre auf Herausgabe einer durch die unerlaubte Handlung eingetretenen Bereicherung (§ 102 S. 2 UrhG i.V.m. §§ 852, 818 ff. BGB).   **520**

> **Beispiel:**   **521**
> V verwendet eine Fotografie des F für seinen Internetauftritt und spart das dafür übliche Honorar i.H.v. 500 Euro. F erfährt davon am 3.4.2006. Der Anspruch auf Schadensersatz ist mit Ablauf des 31. 12. 2009 verjährt (§§ 195, 199 BGB). F kann deshalb weder die 500 Euro im Wege der Lizenzanalogie noch den 100%igen Zuschlag wegen unterlassener Urheberbenennung geltend machen. Ihm bleibt aber der Anspruch aus § 102 S. 2 UrhG i.V.m. §§ 852, 818 ff. BGB auf Herausgabe der Bereicherung, die hier in der ersparten Aufwendung von 500 Euro zu sehen ist. Dieser Anspruch verjährt erst mit Ablauf des 3. 4. 2016.

6. Schutz technischer Maßnahmen und Informationen zur Rechtewahrnehmung (§§ 95a, 95c UrhG). Nach § 95a UrhG ist es verboten, wirksame technische Maßnahmen zum Schutz eines Werkes zu umgehen. Die Vorschrift zielt auf das „Knacken" eines Kopierschutzes oder eines sonstigen Digital-Rights-Management-(DRM-)Systems. Wirksam ist eine solche technische Maßnahme nicht erst, wenn sie unüberwindbar ist, sondern bereits dann, wenn sie den durchschnittlichen Benutzer von Verletzungen des Urheberrechts abhalten kann (Wandtke/Bullinger/*Ohst*, § 95a Rn. 50).   **522**

Das Umgehungsverbot gilt unabhängig davon, ob die beabsichtigte Nutzung aufgrund urheberrechtlicher Schranken zulässig wäre, geht diesen also vor (s. *Dreier*/Schulze, § 95b Rn. 1). Lediglich für die in § 95b UrhG abschließend aufgezählten Schranken ist der Rechtsinhaber verpflichtet, dem Berechtigten   **523** die Wahrnehmung der Schranken zu ermöglichen. Die *digitale* Privatkopie (§ 53 Abs. 1 UrhG), etwa von Musikstücken oder Filmen, zählt nicht dazu.

524 Ebenfalls unzulässig ist es, von Rechtsinhabern stammende elektronische Informationen für die Rechtewahrnehmung (digitale Wasserzeichen) wissentlich zu entfernen oder zu verändern (§ 95c Abs. 1 UrhG) sowie derartig veränderte Werke zu verbreiten oder öffentlich wiederzugeben (§ 95c Abs. 3 UrhG).

525 Die §§ 95a und 95c UrhG sind Schutzgesetze im Sinne des § 823 Abs. 2 BGB; Unterlassungs- und Beseitigungsansprüche ergeben sich aus § 1004 BGB (BGH GRUR 2008, 996 – Clone-CD, zu § 95a UrhG). Ob sie ein „anderes nach diesem Gesetz geschütztes Recht" im Sinne des § 97 Abs. 1 S. 1 UrhG sind, hat der BGH in der genannten Entscheidung dahinstehen lassen.

III. Strafrecht

526 Verletzungen von Urheber- oder Leistungsschutzrechten können auch strafrechtliche Konsequenzen, bei gewerblichem Handeln immerhin bis zu fünf Jahren Freiheitsstrafe, nach sich ziehen. Gewichtige Verurteilungen erfolgen nur sehr selten. Die Rechtsdurchsetzung erfolgt in der Praxis nahezu ausschließlich zivilrechtlich und ist sehr effektiv.

527 Bis zur Einführung des Auskunftsanspruchs gegen Dritte (§ 101 Abs. 2, 3, 9 UrhG: wichtig bei Rechtsverletzungen im Internet für Auskunftsansprüche gegen Internet-Access-Provider) wurde das Urheberstrafrecht allerdings häufig genutzt, um bei Rechtsverletzungen im Internet die Täter und deren Anschriften ermitteln zu lassen, um zivilrechtlich gegen sie vorgehen zu können. Die Rechtsinhaber erstatteten dazu eine Anzeige wegen Urheberrechtsverletzung, ließen die Staatsanwaltschaft die nötigen Ermittlungen anstellen und nahmen dann Akteneinsicht.

528 Nicht jede Urheberrechtsverletzung ist auch strafbedroht. Anders als § 97 UrhG knüpft das Gesetz nicht pauschal an eine Rechtsverletzung an, sondern definiert in den §§ 106 bis 108b UrhG abschließend (Bestimmtheitsgrundsatz und Analogieverbot) die strafbaren Verhaltensweisen. Strafbar ist immer nur eine vorsätzliche Urheberrechtsverletzung, § 15 StGB.

1. § 106 Abs. 1 UrhG. Strafbar macht sich, wer unberechtigt ein Werk, eine Be- **529**
arbeitung oder sonstige Umgestaltung vervielfältigt (§ 16 Abs. 1 UrhG), verbreitet (§ 17 Abs. 1 UrhG) oder öffentlich wiedergibt (§ 15 Abs. 2 UrhG). Die Herstellung einer Bearbeitung oder Umgestaltung als solche ist dagegen auch in
den Fällen des § 23 S. 2 UrhG niemals strafbar.

2. § 107 UrhG. Strafbar sind weiter bestimmte Handlungen im Zusammen- **530**
hang mit dem Anbringen der *zutreffenden* (!) **Urheberbezeichnung** auf einem
Werk der bildenden Künste.

Nach § 107 Abs. 1 Nr. 1 UrhG macht sich strafbar, wer auf dem Original eines **531**
solchen Werkes die Urheberbezeichnung ohne Einwilligung des Urhebers anbringt oder ein derart bezeichnetes Original verbreitet. Der umgekehrte Fall,
d. h. das Unterlassen der zutreffenden Urheberbenennung, ist zwar ebenfalls
eine Verletzung der Urheberpersönlichkeitsrechte aus § 13 UrhG, jedoch nicht
strafbar.

Nach § 107 Abs. 1 Nr. 2 UrhG ist es strafbar, eine Vervielfältigung oder Umge- **532**
staltung eines Werkes derart mit der *zutreffenden* Urheberbezeichnung zu versehen, dass der Anschein eines Originals erweckt wird.

Wer hingegen ein Werk im Stile eines Dritten schafft und mit dessen Namen **533**
signiert, somit eine *unzutreffende* Urheberbezeichnung anbringt, verstößt
weder gegen § 107 Abs. 1 Nr. 2 UrhG noch gegen § 106 UrhG. Hier kommen
(versuchter) Betrug (§ 263 StGB) und Urkundenfälschung (§ 267 ff. StGB) in
Betracht.

Aus dem Spektrum möglicher Kunstfälschungen stellt § 107 UrhG somit nur **534**
einen unbedeutenden Ausschnitt unter Strafe.

3. Weitere Strafvorschriften. § 108 UrhG stellt bestimmte Eingriffe in Leis- **535**
tungsschutzrechte unter Strafe; § 108a UrhG erhöht den Strafrahmen für
§§ 106 bis 108a UrhG für den Fall des gewerbsmäßigen Handelns von drei auf
fünf Jahre Freiheitsstrafe.

Strafbar sind gem. § 108b Abs. 1 UrhG schließlich unerlaubte Eingriffe in tech- **536**
nische Schutzmaßnahmen (§ 95a UrhG, s. Rn. 522 f.) und zur Rechtewahrnehmung erforderliche Informationen (§ 95c UrhG, s. Rn. 524) sowie nach § 108b
Abs. 2 UrhG Herstellung, Vertrieb etc. darauf bezogener Gegenstände (Software zur Umgehung des Kopierschutzes). Ausgenommen ist in beiden Fällen
der private Gebrauch des Täters oder mit dem Täter persönlich verbundener
Personen. Hier bleibt es allein bei den zivilrechtlichen Sanktionen.

8. Kapitel   Urheberrechte im Rechtsverkehr

I. Überblick

537 Das Urheberrecht ist unter Lebenden **grundsätzlich** (Ausnahme: Erfüllung eines Vermächtnisses und Erbauseinandersetzung, s. Rn. 585 f.) **nicht übertragbar** (§ 29 Abs. 1 UrhG). Das ist letztlich unausweichliche Konsequenz der unlösbaren Verklammerung von verwertungs- und urheberpersönlichkeitsrechtlichen Befugnissen zu einem einheitlichen Urheberrecht (monistische Theorie, s. Rn. 168).

538 Die **Verwertung des Urheberrechts** erfolgt deshalb durch die Einräumung von Nutzungsrechten (§ 31 Abs. 1 S. 1 UrhG). Dabei wird nicht das Urheberrecht oder ein Teil davon (translativ) auf den Erwerber übertragen, sondern es entsteht (konstitutiv) ein Nutzungsrecht in dessen Hand. Dieses „belastet" das vollständig beim Urheber verbleibende Urheberrecht, ähnlich einem Pfandrecht oder Nießbrauch an einer Sache (*Schack*, Rn. 593 f.).

539 **Nutzungsrechte** haben nicht lediglich schuldrechtlichen Charakter im Sinne einer bloßen Nutzungserlaubnis (derartige schuldrechtliche Gestattungen sind aber möglich, s. § 29 Abs. 2 UrhG sowie Rn. 561), sondern sie sind **selbständige dingliche Rechte** (BGH GRUR 2009, 946, Rn. 20 – Reifen Progressiv). Sie können weiter übertragen werden (§ 34 UrhG) und es können an ihnen weitere Nutzungsrechte eingeräumt werden (§ 35 UrhG).

540 Bei der Einräumung und Übertragung von Nutzungsrechten gilt grundsätzlich das aus dem Sachenrecht bekannte **Trennungs- und Abstraktionsprinzip** (*Schricker/Loewenheim*, Vor § 28 Rn. 98 ff.). Die Einräumung oder Übertragung ist die Verfügung (entsprechend der Übereignung). Dieser liegt ein Kausalgeschäft, das Verpflichtungsgeschäft, zugrunde, das den Rechtsgrund für die Verfügung bildet (s. Rn. 562). Beide Geschäfte sind in ihrer Wirksamkeit voneinander unabhängig (*Jänich*, S. 266 f.).

541 Verpflichtungen und Verfügungen über Nutzungsrechte sind grundsätzlich **formlos** (Ausnahme: Verträge über unbekannte Nutzungsarten, § 31a Abs. 1 S. 1 UrhG, s. Rn. 554 f.) möglich (Loewenheim/*Loewenheim/J.B. Nordemann*, § 26 Rn. 5). Mangels Rechtsscheinsträger (Besitz, Register) gibt es keinen gutgläubigen Erwerb von Nutzungsrechten (*Schricker/Loewenheim*, Vor § 28 Rn. 102). Lediglich in engen Grenzen wird der Fortbestand eines eingeräumten Nutzungsrechts (§ 33 UrhG, sog. Sukzessionsschutz, dazu u. Rn. 552 f.) sowie der Rechtserwerb durch den Filmhersteller (§§ 89 Abs. 2, 92 Abs. 2 UrhG) geschützt.

II. Einräumung von Nutzungsrechten

1. Einfache und ausschließliche Nutzungsrechte (§ 31 Abs. 2 und 3 UrhG). Das UrhG kennt zwei Arten von Nutzungsrechten: einfache (§ 31 Abs. 2 UrhG) und ausschließliche (§ 31 Abs. 3 UrhG). Beide berechtigen den Inhaber zur Nutzung des Werkes im vereinbarten Umfang. **542**

Bei einem **einfachen Nutzungsrecht** (§ 31 Abs. 2 UrhG) hat es damit aber auch sein Bewenden. Der Urheber ist nicht gehindert, Dritten identische Nutzungsrechte einzuräumen oder selbst entsprechende Verwertungshandlungen vorzunehmen. Außerdem kann der Inhaber eines einfachen Nutzungsrechts aus eigenem Recht nicht gegen Beeinträchtigungen seines einfachen Nutzungsrechts vorgehen. Das einfache Nutzungsrecht ist mithin lediglich eine Nutzungserlaubnis. **543**

Erst das **ausschließliche Nutzungsrecht** (§ 31 Abs. 3 UrhG) verleiht seinem Inhaber eine eigene Rechtsposition, die sich – wenn nichts Abweichendes vereinbart ist (§ 31 Abs. 3 S. 2 UrhG) – sogar gegen den Urheber durchsetzt. Allein der Inhaber des ausschließlichen Nutzungsrechts ist zur Nutzung des Werkes in der eingeräumten Art und Weise berechtigt. Eine Beeinträchtigung eines ausschließlichen Nutzungsrechts löst die urheberrechtlichen Verletzungsansprüche (§§ 97 ff. UrhG) aus (s. Rn. 488 ff.). **544**

2. Inhalt und Umfang von Nutzungsrechten (§ 31 Abs. 1 UrhG). Der Urheber kann Inhalt und Umfang der einzuräumenden Nutzungsrechte weitgehend frei bestimmen und damit für den angestrebten Vertragszweck „maßschneidern". Nutzungsrechte können für einzelne oder alle Nutzungsarten (§ 31 Abs. 1 S. 1 UrhG) sowie räumlich, zeitlich und inhaltlich beschränkt (§ 31 Abs. 1 S. 2 UrhG) eingeräumt werden. Dies trägt beiden Seiten Rechnung: Der Verwerter muss nur so viele Rechte erwerben, wie er zu nutzen beabsichtigt; der Urheber kann sein Werk durch entsprechende Aufspaltung der Nutzungsrechte umfassend auswerten. **545**

546

Beispiel:
V will den Roman des A in Deutschland verlegen. Er erwirbt von ihm dazu das Verlagsrecht (Vervielfältigungs- und Verbreitungsrecht) für Deutschland. A bleibt Inhaber der Verlagsrechte für alle anderen Staaten und kann diese separat vergeben.

547   Einfach zu handhaben sind räumliche (z. B. nur Deutschland) und zeitliche (z. B. zwei Jahre) Beschränkungen. Schwieriger ist dies bei **inhaltlichen Beschränkungen**. Im Interesse der Rechtssicherheit kann der Urheber nicht jede denkbare Abrede zum Inhalt des Nutzungsrechts machen. So können Gegenstand einer Beschränkung stets nur *urheberrechtliche Nutzungsarten* (§ 31 Abs. 1 S. 1 UrhG) sein. Der Urheber kann deshalb zwar bestimmen, ob sein Roman im Sortimentsbuchhandel oder nur als Buchclubausgabe vertrieben wird (BGH GRUR 1959, 200 – Heiligenhof), nicht aber, dass dabei ein bestimmter Preis verlangt wird (BGH GRUR 1992, 310 – Taschenbuchlizenz). Nur ersteres bezieht sich auf die Verwendung des Werkes, während letzteres lediglich eine Modalität bei der Ausübung eines Nutzungsrechts betrifft.

548   Weiter muss die beabsichtigte **Art und Weise der Verwendung** des Werkes nach der Verkehrsauffassung wirtschaftlich-technisch selbständig und abgrenzbar sein (BGH GRUR 1986, 62, 66 – GEMA-Vermutung). Kriterien dabei sind u.a. (s. Dreier/*Schulze*, § 31 Rn. 36 ff.):
- der Vertriebsweg (Sortimentsbuchhandel, Buchclubausgaben, Verkauf, Verleih)
- die Art und Weise der Werkvermittlung (Vorführung, Sendung, Online-Angebot), jeweils noch weiter differenziert (Sendung terrestrisch, per Kabel und per Satellit; Online zum Download und als Stream)
- die äußere Aufmachung der Werkexemplare (Taschenbuchausgabe, Hardcoverausgabe, E-Book, Schallplatte, Musik-CD)
- der Gebrauchszweck (Werkvermittlung als solche, Werbezwecke, Klingeltöne für Mobiltelefone)

549   3. **Übertragungszwecktheorie** (§ 31 Abs. 5 UrhG). Inhalt, Art und Umfang der eingeräumten Nutzungsrechte bestimmen sich primär nach den vertraglichen Abreden zwischen den beiden Parteien (§§ 133, 157 BGB). Bei Unklarheiten entscheidet der von beiden zugrunde gelegte Vertragszweck (§ 31 Abs. 5 UrhG). Danach räumt der Urheber Nutzungsrechte im Zweifel nur in dem Umfang ein, den der Vertragszweck unbedingt erfordert. Dies trägt dem das Urheberrecht beherrschenden Grundsatz Rechnung, dass die urheberrechtlichen Befugnisse möglichst weitgehend beim Urheber verbleiben, damit dieser an den

Erträgnissen seines Werkes in angemessener Weise beteiligt wird (BGH GRUR 2004, 938 f. – Comic-Übersetzungen III).

§ 31 Abs. 5 UrhG ist eine **Auslegungsregel**, die nur anwendbar ist, wenn über **550** den Umfang der Rechtseinräumung Zweifel bestehen. Sie hindert nicht daran, im Vertrag sämtliche nur denkbaren Rechte (auch ohne Rücksicht auf ein aktuelles Nutzungsinteresse) ausdrücklich aufzuzählen (Wandtke/Bullinger/*Grunert*, § 31 Rn. 40). Hier kommt zum Schutz des Urhebers vor unangemessenen Verträgen im Einzelfall nur ein Rückgriff auf § 32 Abs. 1 S. 3 UrhG oder § 138 BGB in Betracht.

Bei **Filmwerken** kehrt § 89 Abs. 1 UrhG die Vermutung zugunsten des Filmher- **551** stellers um. Dieser erwirbt im Zweifel das ausschließliche Recht, das Filmwerk sowie Übersetzungen und andere filmische Bearbeitungen oder Umgestaltungen des Filmwerkes auf alle Nutzungsarten zu nutzen.

4. Sukzessionsschutz (§ 33 UrhG). Nutzungsrechte können nicht gutgläubig **552** erworben werden und sind grundsätzlich abhängig vom Bestand des Urheberrechts (s. Rn. 541). Für einen Teilbereich gewährt jedoch § 33 UrhG dem Inhaber eines Nutzungsrechts (sowohl einfacher als auch ausschließlicher, BGH GRUR 2009, 946, Rn. 19 – Reifen Progressiv) Schutz vor späteren Verfügungen, die sein Nutzungsrecht beeinträchtigen. Satz 1 betrifft den Fall, dass nach der Rechtseinräumung weitere, kollidierende Nutzungsrechte an Dritte vergeben werden, Satz 2 erfasst die Situation, dass die Person des Lizenzgebers wechselt oder der Lizenzgeber auf sein Recht verzichtet. In beiden Fällen bleibt das ursprünglich eingeräumte Nutzungsrecht erhalten.

Beispiele: **553**
- A ist Inhaber eines einfachen Nutzungsrechts zur Vervielfältigung eines Musikwerkes des K. Später räumt K dem X ein ausschließliches Nutzungsrecht zur Vervielfältigung dieses Musikwerkes ein. Das einfache Nutzungsrecht zugunsten des A bleibt bestehen (§ 33 S. 1 UrhG) und gilt auch gegenüber X.
- L ist Inhaber sämtlicher Verwertungsrechte an den Werken des K. Er räumt N ein einfaches Recht zur Vervielfältigung ein. Später überwirft sich L mit K und verzichtet auf seine Nutzungsrechte. Das Nutzungsrecht des N bleibt davon unberührt (§ 33 S. 2 UrhG).

5. Unbekannte Nutzungsarten (§ 31a UrhG). Der technische Fortschritt bringt **554** es mit sich, dass neue Formen der Werknutzung entstehen, die zum Zeitpunkt der Nutzungsrechtseinräumung nicht vorhersehbar sind und deshalb nicht in die Rechtseinräumung aufgenommen werden können. Bis vor wenigen Jahren war es unmöglich, zukünftig möglicherweise erst entstehende, gegenwärtig aber noch nicht bekannte Nutzungsarten zu lizenzieren. Zum vermeintlichen Schutz des Urhebers vor nicht absehbaren Folgen waren derlei Verfügungen sowie die Verpflichtung dazu unwirksam (§ 31 Abs. 5 UrhG a.F.).

555 Zum 1.1.2008 wurde § 31 Abs. 4 UrhG a.F. aufgehoben. Seitdem sind Verträge über unbekannte Nutzungsarten zulässig. Sie bedürfen lediglich der Schriftform (§ 31a Abs. 1 S. 1 UrhG, § 126 BGB). Der notwendige Schutz des Urhebers wird nun dadurch hergestellt, dass er (nicht aber seine Erben, § 31 Abs. 2 S. 3 UrhG) die Rechtseinräumung für die ehemals unbekannte Nutzungsart sowie die Verpflichtung dazu frei widerrufen kann (§ 31a Abs. 1 S. 3 UrhG). Er kann also bezüglich jeder nach der Rechseinräumung entstehenden Nutzungsart erneut darüber entscheiden, ob sein Vertragspartner von ihr Gebrauch machen darf. Der Nutzungsrechtsinhaber muss ihm deshalb mitteilen, dass er das Werk auf eine neue Nutzungsart verwerten will, woraufhin der Urheber drei Monate Zeit zum Widerspruch hat (§ 31a Abs. 1 S. 4 UrhG). Wird das Werk auf die neue Nutzungsart verwertet, tritt außerdem neben die vertraglich geschuldete Vergütung eine gesetzliche Vergütung für die neue Nutzungsart nach § 32c UrhG.

556 **Nutzungsart im Sinne des § 31a UrhG** ist – insoweit vergleichbar mit § 31 UrhG – jede konkrete technisch und wirtschaftlich eigenständige Verwertungsform eines Werkes, wobei es nach der Rechtsprechung des BGH (GRUR 2005, 937, 939 – Der Zauberberg) hierbei aber entscheidend darauf ankommt, ob im Vergleich zu bisherigen Nutzungsarten
- eine wirtschaftlich eigenständige Vermarktungsmöglichkeit im Sinne einer zusätzlichen und vertieften Verwertung des Werkes möglich ist,
- zusätzliche Märkte erschlossen werden *und*
- zusätzliche Einnahmen generiert werden, an denen der Urheber angemessen zu beteiligen ist.

557 **Beispiel:**
Zweitauswertung eines Kinofilms auf Videokassette (BGH GRUR 1986, 62 – GEMA-Vermutung I)

558 Wird dagegen eine bereits bekannte oder bestehende Werknutzung durch technische Verbesserungen lediglich substituiert (insb. durch den Übergang von analoger zu digitaler Technik), handelt es sich *nicht* um eine neue Nutzungsart (sog. Substitutionstheorie, BGH GRUR 2005, 937, 939 – Der Zauberberg; kritisch dazu *Schricker*, § 31 Rn. 26). Der Begriff ist in § 31a UrhG deshalb enger als in § 31 UrhG. Im Einzelnen ist jedoch vieles streitig (s. die Nachw. bei Fromm/Nordemann/*J.B. Nordemann*, § 31a Rn. 35 ff.).

> **Beispiele (keine unbekannten Nutzungsarten):** **559**
> DVD gegenüber Videokassette (BGH GRUR 2005, 937 – Der Zauberberg); Musik-CD gegenüber Schallplatte (OLG Hamburg GRUR-RR 2002, 153 – Der Grüne Tisch sowie OLG Köln, ZUM 2001, 166 – The Kelly Family).

Unbekannt ist eine Nutzungsart, wenn sie zum Zeitpunkt des Vertragsschlus- **560** ses noch nicht als wirtschaftlich bedeutsam und verwertbar angesehen wurde, mag auch die technische Möglichkeit (theoretisch) bekannt gewesen sein (BGH GRUR 1995, 212, 213 – Videozweitauswertung III).

6. Schuldrechtliche Gestattung und (schlichte) Einwilligung. Anstatt Nutzungs- **561** rechte einzuräumen, kann der Urheber die Nutzung des Werkes auch lediglich schuldrechtlich gestatten (§ 29 Abs. 2 UrhG) bzw. in die Rechtsverletzung (rechtfertigend) einwilligen (Beispiel: BGH GRUR 2010, 628, Rn. 33 ff. – Vorschaubilder). Wiederum entscheidet die Auslegung des Vertrags unter Berücksichtigung des Übertragungszweckgedankens, was gewollt wurde. Die rechtliche Stellung des nur schuldrechtlich Berechtigten ist viel schwächer, als die eines Nutzungsrechtsinhabers. Insbesondere erwirbt er kein dinglich wirkendes Recht und unterliegt nicht dem Sukzessionsschutz.

III. Besonderheiten der Urheberverträge

Gegenstand des Urhebervertragsrechts sind die einer Einräumung oder Weite- **562** rübertragung von Nutzungsrechten als Kausalgeschäft zugrunde liegenden Verpflichtungsverträge. Abgesehen von Teilen des Verlagsvertrages hält das deutsche Recht dafür keine gesetzliche Regelung von Vertragstypen bereit. Im UrhG selbst finden sich lediglich einige (wenige) zwingende Normen zum Schutz des wirtschaftlich häufig schwächeren Urhebers vor nachteiligen Verträgen.

Grundlage des Urhebervertragsrechts ist deshalb das gesamte Recht des BGB, **563** insbesondere die allgemeinen Vorschriften über das Zustandekommen (§§ 145 ff. BGB) und die Auslegung (§§ 133, 157 BGB) von Verträgen sowie das Leistungsstörungsrecht (Fromm/Nordemann/*J.B. Nordemann*, Vor §§ 31 ff. Rn. 163 ff.). Auch unterliegen Urheberrechtsverträge der AGB-rechtlichen Inhaltskontrolle (BGH GRUR 2005, 148 – Oceano Mare).

564   Hinsichtlich der konkreten Vertragspflichten kommt den häufig sehr detaillierten Verträgen besondere Bedeutung zu. Die Regelungen des besonderen Schuldrechts, beispielsweise des Kaufvertrags bei der dauerhaften Rechtseinräumung oder des Mietvertrags bei der zeitlich beschränkten Rechtseinräumung, haben deshalb meist nur ergänzenden Charakter.

565   1. **Vertragsfreiheit und Kontrahierungszwang.** Das Urhebervertragsrecht basiert als Teil des Privatrechts auf dem Grundsatz der Vertragsfreiheit (*Schack*, Rn. 1077). Alle Beteiligten können frei entscheiden, ob, mit wem und zu welchen Bedingungen sie Verträge über Nutzungsrechte schließen wollen. Nur an wenigen Stellen wird dieses Prinzip durchbrochen. So besteht unter bestimmten Voraussetzungen ein Kontrahierungszwang zugunsten des Herstellers von Tonträgern (§ 42a UrhG) und zwischen Sendeunternehmen und Kabelunternehmen (§ 87 Abs. 5 UrhG). Ein Kontrahierungszwang ergibt sich ferner aus § 11 Abs. 1 WahrnG für Urheber, deren Rechte von Verwertungsgesellschaften wahrgenommen werden. In Betracht kommen schließlich auch Einschränkungen der Vertragsfreiheit durch das deutsche und europäische Kartellrecht aufgrund einer marktbeherrschenden Stellung (grundlegend EuGH GRUR Int. 1995, 490 – Magill; ferner EuGH GRUR 2004, 524 – IMS Health).

566   2. **Zwingende Rechtsnormen. – a) Anspruch auf angemessene Vergütung (§ 32 UrhG).** Die Vergütung des Urhebers ergibt sich primär aus dem geschlossenen Vertrag (§ 32 Abs. 1 S. 1 UrhG). Fehlt eine solche Vereinbarung, gilt die *angemessene* Vergütung als vereinbart (§ 32 Abs. 1 S. 2 UrhG). Sollte die vereinbarte Vergütung hinter der angemessenen Vergütung zurückbleiben, hat der Urheber Anspruch auf Anpassung des Vertrages (§ 32 Abs. 1 S. 3 UrhG), so dass er im Ergebnis stets einen Anspruch auf angemessene Vergütung hat. Es handelt sich bei dieser Regelung um einen Fremdkörper in der Rechtsordnung. Sie unterstellt, es gebe einen „richtigen Preis" für die Leistung des Urhebers. Eine solche Vorstellung ist in einer auf Freiheit und Wettbewerb beruhenden Wirtschaftordnung systemwidrig.

567   **Angemessen** ist die Vergütung nach § 32 Abs. 2 S. 2 UrhG, wenn sie *im Zeitpunkt des Vertragsschlusses* dem entspricht, was für die eingeräumten Nutzungsrechte üblicher- und redlicher Weise zu leisten ist. Spätere Veränderungen sind hier unbeachtlich (s. dazu aber § 32a UrhG, Rn. 568). Bloße Branchenüblichkeit genügt jedoch nicht (BGH, GRUR 2009, 1148, Rn. 22 – Talking to Addison). Um die Schwierigkeit bei der Bestimmung der angemessenen Vergütung abzumildern, sieht das UrhG in § 36 UrhG die Möglichkeit vor, dass zwischen Vereinigungen der Urheber und der Verwerter gemeinsame Vergütungsregeln aufgestellt werden, die dann als angemessen im Sinne des § 32 UrhG gelten (§ 32 Abs. 2 S. 1 UrhG).

b) „Bestsellerparagraph" (§ 32a UrhG). Unabhängig von der vertraglich (ggf. in Verbindung mit § 32 Abs. 1 UrhG) geschuldeten Vergütung gewährt § 32a UrhG dem Urheber einen Anspruch auf Vertragsanpassung, wenn sich im Laufe der Zeit herausstellt, dass die Vergütung in einem auffälligen Missverhältnis zu den Erträgen oder Vorteilen der Nutzung des Vertrages steht, die Verwertung also erfolgreicher läuft, als bei Vertragsschluss angenommen. Dem Anspruch steht nicht entgegen, dass die Parteien die Entwicklung vorausgesehen haben oder hätten voraussehen können (§ 32a Abs. 1 S. 2 UrhG). **568**

IV. Übertragung von Nutzungsrechten und Unterlizenzierung (§§ 34, 35 UrhG)

Nutzungsrechte sind als Vermögensgegenstände weiteren Verfügungen zugänglich. Sie können (translativ) weiter übertragen sowie weiter lizenziert werden. In beiden Fällen bedarf es grundsätzlich der Zustimmung des Urhebers (§§ 34 Abs. 1 S. 1, 35 Abs. 1 UrhG), die dieser jedoch nicht wider Treu und Glauben verweigern darf (§ 34 Abs. 1 S. 2 UrhG). Keiner Zustimmung bedarf auch die Übertragung im Rahmen der Veräußerung eines Unternehmens oder Unternehmensteils, jedoch steht dem Urheber in diesem Falle ein Rücktrittsrecht zu (§ 34 Abs. 3 S. 1, 2 UrhG; s. Rn. 580). **569**

Während der Inhaber sein Nutzungsrecht im Falle des § 34 UrhG auf den Erwerber überträgt, bleibt er bei der Einräumung weiterer Nutzungsrechte nach § 35 UrhG Inhaber des ausschließlichen Nutzungsrechts, das jedoch im Umfang des eingeräumten Rechts belastet ist. Insofern ähnelt dies der ersten Einräumung von Nutzungsrechten durch den Urheber. **570**

Mangels gutgläubigen Erwerbs ist der Erwerber auf die Existenz und den Fortbestand des Rechts bei seinem Vertragspartner angewiesen. Lediglich bei dessen Verzicht auf das Recht sowie bei einem Wechsel des Inhabers gewährt § 33 UrhG Sukzessionsschutz (s. Rn. 552 f.). Ferner lässt der Rückruf wegen Nichtausübung (§ 41 UrhG) den Fortbestand einer einfachen Unterlizenz unberührt (BGH GRUR 2009, 946 – Reifen Progressiv, s. Rn. 552 f.). **571**

V.   Rückruf von Nutzungsrechten (§§ 41, 42, 34 Abs. 3 S. 2 UrhG)

572   Nutzungsrechte können unter bestimmten Umständen durch einseitige Erklärung des Urhebers zurückgerufen werden. Mit Ausübung dieses Gestaltungs-
rechts erlöschen die betroffenen Nutzungsrechte, ohne dass es einer Rücküber-
tragung oder sonstigen Mitwirkung des bisherigen Nutzungsrechtsinhabers
bedarf (s. § 41 Abs. 6 UrhG). Zugleich mit dem Nutzungsrecht erlischt das der
Einräumung zugrunde liegende Verpflichtungsgeschäft (Schricker/Loewen-
heim/*Schricker/Peukert*, § 41 Rn. 24).

573   Die Rückrufsrechte tragen urheberpersönlichkeitsrechtlichen und/oder verwertungsrechtlichen Interessen des Urhebers Rechnung, indem sie eine angemessene wirtschaftliche Verwertung sicherstellen (§ 41 UrhG) bzw. persönliche
Interessen des Urhebers schützen (§§ 42, 34 Abs. 3 S. 2 UrhG).

574   Die Rückrufsrechte gelten auch für einige Leistungsschutzrechte mit persön-
lichkeitsrechtlicher Komponente und zwar für wissenschaftliche Ausgaben
(§ 70 UrhG) und Lichtbilder (§ 72 UrhG) sowie für ausübende Künstler (§ 79
Abs. 2 S. 2 UrhG).

575   **1. Rückrufsrecht wegen Nichtausübung (§ 41 UrhG).** Ein Urheber, der ein ausschließliches Nutzungsrecht an seinem Werk eingeräumt hat, ist darauf angewiesen, dass der Rechtsinhaber von diesem Nutzungsrecht auch tatsächlich Gebrauch macht. Bei einer umsatz- oder stückzahlabhängigen Vergütung ergibt
sich dies in wirtschaftlicher Hinsicht schon daraus, dass dem Urheber Einnahmen entgehen, wenn der Rechtsinhaber untätig bleibt, denn eine Lizenzierung
an einen Anderen oder die eigene Verwertung ist wegen § 31 Abs. 3 UrhG ausgeschlossen. Daneben will der Urheber in aller Regel sein Werk der Öffentlichkeit präsentieren und ist auch dafür bei bestimmten Werkarten (insb. Schrift-
und Musikwerken) auf die Tätigkeit des Verwerters angewiesen.

576   § 41 UrhG ermöglicht deshalb dem Urheber den Rückruf eines ausschließlichen (bei einfachen Nutzungsrechten stellen sich die genannten Probleme
nicht) Nutzungsrechts, wenn dessen Inhaber davon nicht oder nicht hinreichend Gebrauch macht und dadurch berechtigte Interessen des Urhebers erheblich verletzt.

577   **Beispiel:**
Der Tonträgerhersteller T lässt sich das ausschließliche Nutzungsrecht für
eine neue Komposition des K einräumen. Er gewährt ihm als Honorar eine
Umsatzbeteiligung an den CD-Verkäufen. Um den Absatz der ebenfalls ge-

rade fertiggestellten und sich im Programm des T befindenden Komposition des X nicht zu beeinträchtigen, beschließt T, das Werk des K nicht zu veröffentlichen. K gehen dadurch nicht nur Einnahmen verloren, sondern auch Popularität. Er kann sein Musikstück nicht ohne weiteres bei einem anderen Label erscheinen lassen, da er dem T das ausschließliche Nutzungsrecht eingeräumt hat. K müsste dazu zunächst nach § 41 UrhG gegen T vorgehen.

2. Rückrufsrecht wegen gewandelter Überzeugung (§ 42 UrhG). Primär persönlichen, ideellen Interessen trägt dagegen das Rückrufsrecht wegen gewandelter Überzeugung Rechnung. Es schützt den Urheber davor, dass sein Werk, mit dem er sich nicht mehr identifiziert, weiter verwertet wird. Abgeschlossene Verwertungshandlungen bleiben vom Rückruf jedoch unberührt. **578**

Beispiel (nach OLG Celle NJW 2000, 1579): **579**
Nachdem ihr Zweifel an der Wissenschaftlichkeit ihrer Dissertation gekommen waren, führte die Klägerin ihren Doktorgrad nicht weiter und verlangte von der Bekl. (ihrer Universität) unter Bezug auf § 42 UrhG die Herausgabe der im Zuge des Promotionsverfahrens eingereichten Pflichtexemplare ihrer Dissertation. – Das OLG Celle wies die Klage zutreffend ab. Mit der Ablieferung der Pflichtexemplare zur freien Verfügung der Universitätsbibliothek hat sich das Verbreitungsrecht der Kl. erschöpft (§ 17 Abs. 2 UrhG). Dabei bleibt es auch nach einem Rückruf. – Hätte dagegen die Kl. ihre Dissertation in elektronischer Form eingereicht, verbunden mit der Befugnis für die Bibliothek, davon Kopien oder Ausdrucke zu erstellen (§ 16 Abs. 1 UrhG) und an andere Bibliotheken weiterzureichen (§ 17 Abs. 1 UrhG), dürfte diese ab dem Zeitpunkt des wirksamen Rückrufs keine weiteren Exemplare anfertigen oder weitergeben.

3. Rückrufsrecht bei Übertragung eines Unternehmens (§ 34 Abs. 3 S. 2 UrhG). Im Zuge der Veräußerung eines Unternehmens oder Unternehmensteils sowie bei wesentlichen Änderungen der Beteiligungsverhältnisse am Unternehmen können Nutzungsrechte abweichend von der Regel des § 34 Abs. 1 S. 1 UrhG (Rn. 569) ohne Zustimmung des Urhebers auf den Erwerber übertragen werden (§ 34 Abs. 3 S. 1, 3 UrhG). Um dabei dennoch den berechtigten Interessen des Urhebers gerecht zu werden, räumt ihm § 34 Abs. 3 S. 2 UrhG ein Rückrufsrecht ein. **580**

VI. Rechtsgeschäfte über das Urheberpersönlichkeitsrecht

581 Das Urheberpersönlichkeitsrecht ist wie sämtliche Persönlichkeitsrechte als höchstpersönliches Recht nicht übertragbar (*Schack*, Rn. 637). Dennoch besteht in der Praxis ein Bedürfnis, anderen zumindest die Ausübung zu gestatten. So ist beispielsweise dem Verleger mit der Einräumung des Vervielfältigungs- und Verbreitungsrecht allein nicht gedient, wenn er nicht auch das Recht zur Veröffentlichung (§ 12 UrhG) hat.

582 Anerkannt ist deshalb, dass **Verfügungen über Urheberpersönlichkeitsrechte** jedenfalls insoweit möglich sind, wie dies zur vertragsgemäßen Wahrnehmung eingeräumter Nutzungsrechte notwendig ist (Wandtke/Bullinger/*Grunert*, Vor §§ 31 ff. Rn. 38 f.).

583 Davon zu unterscheiden sind **lediglich schuldrechtlich wirkende Verträge.** So kann sich der Urheber in den weiten Grenzen des § 138 BGB verpflichten, seine urheberpersönlichkeitsrechtlichen Befugnisse nicht geltend zu machen (sog. pactum de non petendo). Denkbar ist auch die rechtfertigende Einwilligung in die Rechtsverletzung.

584 Eine abschließende Klärung der Frage, wie urheberpersönlichkeitsrechtliche Befugnisse eingeräumt werden können, steht noch aus. Wichtige Eckpunkte zu den Rechtsgeschäften über die vermögenswerten Bestandteile des allgemeinen Persönlichkeitsrechts hat der BGH mit der Entscheidung „Marlene Dietrich" (GRUR 2000, 709) markiert.

VII. Urheberrecht und Erbrecht

585 Das Urheberrecht ist vererblich (§ 29 Abs. 1 UrhG). Im Erbfall geht es ungeteilt und mit sämtlichen Befugnissen (§ 30 UrhG) auf den Erben über, der dadurch Inhaber sämtlicher verwertungsrechtlicher und der urheberpersönlichkeitsrechtlicher Befugnisse wird. Eingeräumte Nutzungsrechte sowie schuldrechtliche Vereinbarungen bleiben vom Erbfall unberührt. Der Erbe tritt an die Stelle des Urhebers und ist an dessen Verpflichtungen und Verfügungen gebunden.

586 Als einzige Ausnahmen von der Unübertragbarkeit des Urheberrechts unter Lebenden sieht § 29 Abs. 1 UrhG die Erfüllung einer Verfügung von Todes wegen (Erfüllung eines Vermächtnisses, § 1939 BGB) sowie die Erbauseinandersetzung unter Miterben vor.

9. Kapitel Grundzüge des internationalen Urheberrechts

Schwierige Fragen stellen sich, wenn ein Sachverhalt urheberrechtlich zu beur- **587**
teilen ist, der Berührungen mit dem Ausland (ein Deutscher will gegen Verletzungshandlungen im Ausland vorgehen; ein Ausländer begehrt im Inland
Schutz für sein Werk) aufweist: Welches Recht bestimmt Inhalt und Umfang
des Urheberrechts; welchem Recht unterliegt die Einräumung eines Nutzungsrechts an einem deutschen Urheberrecht an einen Ausländer usw. Je nach Lage
des Falles ist zu untersuchen, welche Gerichte über den Fall zu entscheiden
haben (nachfolgend Rn. 590 f.), welches Recht die zur Entscheidung berufenen
Gerichte bzw. die Vertragsparteien anwenden (nachfolgend Rn. 592 ff.) und ob
das danach grundsätzlich anzuwendende deutsche Urheberrecht im konkreten
Fall auch gerade auf den Urheber anzuwenden ist (nachfolgend Rn. 595 ff.).
Angesprochen sind damit Fragen des Internationalen Zivilprozessrechts
(IZPR), des Internationalen Privatrechts (IPR) und des sog. „Fremdenrechts"
des deutschen Urheberrechtsgesetzes. All das wird schließlich überlagert von
verschiedenen Staatsverträgen (nachfolgend Rn. 602 ff.), insbesondere der Re-
vidierten Berner Übereinkunft, dem Welturheberrechtsabkommen und dem
TRIPs-Übereinkommen. Es handelt sich insgesamt um eine hochkomplexe
(und teilweise stark umstrittene) Materie, von der im Rahmen des vorliegenden
Buches nur die Grundzüge erörtert werden können (eingehend *Schack*,
Rn. 904 ff.).

I. Territorialitäts- und Schutzlandprinzip

Gesetze entfalten ihre Wirkung stets nur im Hoheitsgebiet des erlassenden **588**
Staates. Im Urheberrecht gilt deshalb – wie im sonstigen Immaterialgüterrecht
auch – das **Territorialitätsprinzip.** Das bedeutet, das deutsche (subjektive) Urheberrecht gewährt nur Schutz vor Verletzungen im Inland, ein ausländisches
Urheberrecht nur vor Verletzungen im jeweiligen Ausland. An einem Werk besteht damit nicht ein weltweit einheitliches Urheberrecht, sondern nach Maßgabe der einzelnen Rechtsordnungen ein ganzes Bündel selbständiger nationa-

ler Urheberrechte (Schricker/Loewenheim/*Katzenberger*, Vor §§ 120 ff. Rn. 121; dagegen insb. *Schack*, Rn. 919 ff., der für ein weltweit einheitliches Ganzes eintritt, sog. „Universalitätsprinzip"). Ob eine geistige Leistung urheberrechtlichen Schutz genießt und wie weit dieser Schutz reicht, entscheidet deshalb jede Rechtsordnung autonom.

589 Zugleich ist der Schutz des Urheberrechts auf das jeweilige Hoheitsgebiet beschränkt. Ein inländisches Schutzrecht bietet nur im Inland, ein ausländisches Schutzrecht nur im jeweiligen Ausland Schutz. Gäbe es ein Land ohne Urheberrecht, wären ausschließlich dort vorgenommene „Verletzungshandlungen" zulässig, selbst wenn diese in einem anderen Land unzulässig sind. Ob eine Urheberrechtsverletzung vorliegt, entscheidet sich also nach dem Recht desjenigen Staates, für dessen Hoheitsgebiet Schutz beansprucht wird, sog. **Schutzlandprinzip** (BGH GRUR 2003, 328, 329 – Sender Felsberg). Für den Urheber muss also in dem Land, in dem er Schutz für sein Werk vor Beeinträchtigungen begehrt, ein Urheberrecht nach dessen Rechtsordnung und mit den geltend gemachten Befugnissen bestehen.

II. Zuständigkeit deutscher Gerichte

590 Die Zuständigkeit deutscher Gerichte zur Entscheidung eines Sachverhalts beurteilt sich nach dem deutschen Internationalen Zivilprozessrecht (sog. lex fori). Danach sind deutsche Gerichte zuständig, wenn der Beklagte einen Wohnsitz in Deutschland hat. Dies ergibt sich aus Art. 2 der Verordnung 44/2001 des Rates über die gerichtliche Zuständigkeit und die Anerkennung und Vollstreckung von Entscheidungen in Zivil- und Handelssachen (EuGVVO [auch Brüssel I-Verordnung genannt]) für Staatsangehörige eines Mitgliedstaates der EU, aus Art. 2 des Lugano-Übereinkommen für Staatsangehörige der EFTA-Staaten (Island, Liechtenstein, Norwegen, und die Schweiz), im übrigen aus §§ 12 ff. ZPO für Drittstaatsangehörige.

591 Daneben sind alternativ die Gerichte des Staates zuständig, auf dessen Hoheitsgebiet die Urheberrechtsverletzung begangen wurde, Art. 5 Nr. 3 EuGVVO/Lugano-Übereinkommen bzw. § 32 ZPO, sog. deliktischer Gerichtsstand. Im Einzelfall kann sich die Lokalisierung der Rechtsverletzung schwierig gestalten. So machen weder Funkwellen (s. Rn. 313) noch Daten im Internet an Staatsgrenzen Halt. Hier ist es denkbar, dass Rechtsverletzungen in mehreren Ländern vorliegen und verfolgt werden können.

III. Anwendbares Sachrecht

Nachdem die Zuständigkeit eines deutschen Gerichts bejaht wurde, ist zu klä- **592** ren, welches Recht dieses Gericht auf den zu beurteilenden Sachverhalt anwendet. Dies ist nicht zwangsläufig deutsches Urheberrecht: Das deutsche internationale Privatrecht (IPR) bestimmt, welches Sachrecht das Gericht seiner Entscheidung zugrunde zu legen hat. Im Gegensatz zu vielen anderen Rechtsgebieten gibt es für das Urheberrecht keine umfassende gesetzliche Regelung über das anzuwendende Sachrecht. Insbesondere betreffen die §§ 120 ff. UrhG nicht das Kollisionsrecht, sondern das sog. nationale Fremdenrecht (dazu sogleich).

Nach herrschender Meinung (s. *Dreier*/Schulze, Vorb. §§ 120 ff., Rn. 28 ff.; da- **593** gegen insb. *Schack*, Rn. 1011 ff.) verweist das deutsche IPR in urheberrechtlichen Fragen grundsätzlich auf das Recht des Landes, für das Schutz beansprucht wird (**lex loci protectionis**). Das Recht des Schutzlandes bestimmt somit, ob, unter welchen Voraussetzungen und an welchen Gegenständen ein Urheberrecht entsteht, welche Befugnisse dieses vermittelt (insb. die daraus fließenden Verwertungsrechte), wem es zusteht (erste Inhaberschaft), ob und wie es übertragbar ist oder Nutzungsrechte eingeräumt werden können, wie lange es läuft usw. Vom Schutzlandprinzip geht auch Art. 8 Abs. 1 der Verordnung 864/2007 vom 11.7.2007 über das auf außervertragliche Schuldverhältnisse anzuwendende Recht (Rom II-VO) aus.

Lediglich für obligatorische Verträge auf dem Gebiet des Urheberrechts, insbe- **594** sondere über die Verpflichtung zur Einräumung oder Übertragung von Nutzungsrechten, gilt das IPR für Verträge und damit die Verordnung 593/2008 über das auf vertragliche Schuldverhältnisse anzuwendende Recht (Rom I-VO). Danach entscheiden in erster Linie die Parteien, welche Rechtsordnung anzuwenden ist (Art. 3 Rom I-VO). Hilfsweise unterliegt der Vertrag derjenigen Rechtsordnung, mit der er die engsten Verbindungen aufweist bzw. in deren Bereich der Schuldner der urheberrechtlichen Leistung seinen gewöhnlichen Aufenthalt hat (Art. 4 Rom I-VO).

IV. Geltungsbereich des deutschen Urheberrechts (§§ 120 ff. UrhG)

595   Wenn die Prüfung des IZPR und des IPR ergeben hat, dass ein deutsches Gericht entscheidet und dabei deutsches Recht anwendet, bestimmen schließlich die §§ 120 ff. UrhG, ob das UrhG auch auf den konkreten Fall anzuwenden ist und dem Schöpfer des Werkes urheberrechtlichen Schutz gewährt.

596   **1. Deutsche.** Deutsche Staatsangehörige genießen urheberrechtlichen Schutz nach dem UrhG für alle ihre Werke, unabhängig davon, wo diese geschaffen wurden und ob bzw. wo diese erschienen sind (§ 120 Abs. 1 S. 1 UrhG). Entscheidend ist also ausschließlich die deutsche Staatsangehörigkeit des Urhebers im Zeitpunkt der Werkschöpfung. Im Falle der Miturheberschaft (§ 8 UrhG) genügt es, dass ein Miturheber Deutscher ist (§ 120 Abs. 1 S. 2 UrhG), um für alle Miturheber ein deutsches Urheberrecht zu begründen. Ein entstandenes Urheberrecht bleibt vom späteren Verlust der deutschen Staatsangehörigkeit unberührt (BGH GRUR 1982, 308, 310 – Kunsthändler); mit Erwerb der deutschen Staatsbürgerschaft entsteht urheberrechtlicher Schutz auch für sämtliche bis dahin geschaffene Werke (BGH GRUR 1973, 602 – Kandinsky III).

597   **2. Gleichgestellte.** Für Staatsangehörige eines anderen Mitgliedstaates der EU und des EWR sowie für Deutsche im Sinne des Art. 116 Abs. 1 GG gilt nach § 120 Abs. 2 UrhG dieselbe Regelung. Auch sie genießen somit für all ihre Werke Schutz nach dem deutschen UrhG.

598   **3. Drittstaatsangehörige.** Für Drittstaatsangehörige sieht § 121 UrhG urheberrechtlichen Schutz nur unter weiteren Voraussetzungen vor. Der Grund für die Benachteiligung gegenüber den deutschen Staatsangehörigen und den ihnen Gleichgestellten besteht darin, die Drittstaaten zum Beitritt zu internationalen Verträgen auf dem Gebiet des Urheberrechts zu bewegen.

599   Entscheidend für den urheberrechtlichen Schutz nach dem deutschen UrhG ist das Erscheinen (§ 6 Abs. 2 UrhG, s. Rn. 126 ff.) des Werkes im Original oder einer Übersetzung. Dies muss weltweit erstmals im Inland erfolgen oder doch zumindest innerhalb von höchstens 30 Tagen nach dem Erscheinen im Ausland (§ 121 Abs. 1 UrhG). Diese Karenzfrist soll dem Urheber Anreize geben, sein Werk zügig auch im Inland erscheinen zu lassen (BGH GRUR 1986, 69, 71 – Puccini). Bei Werken der bildenden Kunst (§ 2 Abs. 1 Nr. 4 UrhG) genügt es, dass sie mit einem Grundstück im Inland fest verbunden sind, § 121 Abs. 2

UrhG (Beispiel: Bilder auf der ehemaligen Berliner Mauer, s. BGH GRUR 2007, 691, Rn. 23 – Staatsgeschenk).

Daneben (s. BGH GRUR 1986, 69, 71 – Puccini) genießen Drittstaatsangehö- **600** rige urheberrechtlichen Schutz nach Maßgabe der urheberrechtlichen Staatsverträge (§ 121 Abs. 4 S. 1 UrhG).

4. Urheberpersönlichkeitsrecht. Unabhängig von ihrer Staatsbürgerschaft wer- **601** den sämtliche Urheber in ihren persönlichen Interessen in Bezug auf ihre Werke geschützt, indem ihnen stets die urheberpersönlichkeitsrechtlichen Befugnisse der §§ 12 bis 14 UrhG zustehen (§ 121 Abs. 6 UrhG).

V. Urheberrechtliche Staatsverträge

Da Immaterialgüterrechte weltweit verletzt werden können, jedoch aufgrund **602** des Territorialitätsprinzips stets nur einzelstaatlich geschützt sind, ist es notwendig, mithilfe staatsvertraglicher Regelungen die gegenseitige Anerkennung von Immaterialgüterrechten herbeizuführen und einen bestimmten Mindestschutzstandard aufzustellen. Auf dem Gebiet des Geistigen Eigentums gibt es daher mittlerweile eine Vielzahl von Staatsverträgen, von denen hier nur die wichtigsten genannt werden (umfassend dazu Schricker/Loewenheim/*Katzenberger*, Vor §§ 120 ff. Rn. 13 ff.).

1. Revidierte Berner Übereinkunft (RBÜ). Von zentraler Bedeutung für das Ur- **603** heberrecht war der Vertrag zum Schutz von Werken der Literatur und Kunst aus dem Jahre 1886 (Berner Übereinkunft). Nach diesem Vertrag gewähren die Vertragsparteien den Bürgern anderer Vertragsstaaten denselben Schutz an Werken wie den eigenen (sog. Inländerbehandlung) sowie einen bestimmten Mindeststandard. Die Berner Übereinkunft wurde mittlerweile mehrfach überarbeitet und wird deshalb Revidierte Berner Übereinkunft (RBÜ) genannt. Ihr gehören derzeit 164 Staaten an. Die Vertragsstaaten bilden einen Verband zum Schutz der Rechte der Urheber an ihren Werken der Literatur und Kunst (Art. 1 RBÜ). Die Verwaltung obliegt dem Internationalen Büro, das von der Weltorganisation für geistiges Eigentum (WIPO) mit Sitz in Genf geführt wird.

Art. 2 RBÜ nennt die Werkarten, die durch die RBÜ geschützt werden, und **604** damit den Anwendungsbereich des Vertrages. Für diese Werke bestimmt Art. 5 RBÜ, dass den verbandsangehörigen Urhebern in allen Verbandsländern außer dem Ursprungsland derselbe Schutz gewährt werden muss, wie einem inländischen Urheber (Inländerbehandlung). Das Urheberrecht eines Verbandslandes darf folglich bei der Gewährung urheberrechtlichen Schutzes nicht zwischen Inländern und Ausländern aus einem Verbandsland differenzieren. Verbandsausländer werden hinsichtlich der durch die RBÜ erfassten Werke urheberrechtlich den Inländern gleichgestellt.

605   Die Inländerbehandlung allein stellt indes noch keinen hinreichenden Urheberrechtsschutz sicher, denn sie hindert ein Land nicht daran, für alle, d. h. auch die eigenen Staatsangehörigen, keinen oder nur geringen Urheberrechtsschutz zu gewähren. Die RBÜ kennt deshalb Mindestrechte, auf die sich Urheber in allen Verbandsländern außer dem Ursprungsland unmittelbar berufen können (BGH GRUR 1954, 216, 217). Dazu zählen etwa das Urheberpersönlichkeitsrecht (Art. 6bis RBÜ), das Vervielfältigungsrecht (Art. 9 RBÜ), das Bearbeitungsrecht (Art. 12, 14 RBÜ) usw.

606   Sowohl die Inländerbehandlung als auch die Mindestrechte gelten nicht für den Urheber im Ursprungsland des Werkes. Hier gilt ausschließlich das nationale Recht. Es kann daher dazu kommen, dass ein ausländischer Urheber urheberrechtlich besser geschützt wird (da er sich auf die RBÜ berufen kann) als ein Inländer. Dieses Phänomen der Inländerdiskriminierung ist aus dem EU-Recht bekannt. Allerdings unterliegt der betreffende Staat einem gewissen Druck, das Schutzniveau für die eigenen Staatsangehörigen zumindest auf Verbandsniveau anzuheben.

607   **2. Weitere Verträge. – a) Welturheberrechtsabkommen (WUA).** Um auch Staaten, die das hohe Schutzniveau der RBÜ nicht erreichen konnten oder wollten – unter anderem die USA – in ein internationales Schutzsystem einzubinden, wurde am 6.9.1952 unter Federführung der UNESCO das Welturheberrechtsabkommen geschlossen. Auch das WUA beruht auf dem Prinzip der Inländerbehandlung und bestimmten Mindestrechten, jedoch auf deutlich niedrigerem Niveau als die RBÜ. Das WUA hat heute keine große Bedeutung mehr, da inzwischen die meisten Staaten, einschließlich der USA (1989), der Volksrepublik China (1992) und Russlands (1995), der RBÜ angehören.

608   **b) Rom-Abkommen (RA).** Dem Schutz der ausübenden Künstler, der Hersteller von Tonträgern und der Sendeunternehmen dient das Rom-Abkommen aus dem Jahre 1961. Gegenstand sind folglich Leistungsschutzrechte, die von der RBÜ und dem WUA nicht erfasst werden. Auch das RA setzt auf das Prinzip der Inländerbehandlung und Mindestrechte.

c) Genfer Tonträgerabkommen (GTA). Das Genfer Übereinkommen vom **609** 29.10.1971 zum Schutz der Hersteller von Tonträgern gegen unerlaubte Vervielfältigung ihrer Tonträger verpflichtet die Vertragsstaaten, gegen das unberechtigte Vervielfältigen, Einführen und Inverkehrbringen von Tonträgern vorzugehen, um hinsichtlich der beiden letzten Varianten bestehende Lücken im RA zu beseitigen.

d) TRIPs. Nicht urheberrechtsspezifisch ist das im Zuge der Errichtung der **610** Welthandelsorganisation WTO im Jahre 1994 geschlossene Abkommen über handelsbezogene Aspekte der Rechte an geistigem Eigentum (Agreement on Trade Related Aspects of Intellectual Property – TRIPs). Auch dieses Abkommen gewährt u. a. bestimmte Mindestrechte, indem es hinsichtlich des Urheberrechts die Vertragsstaaten der WTO zur Beachtung der RBÜ verpflichtet (Art. 9 Abs. 1 TRIPs). Ferner unterwirft es urheberrechtliche Schranken dem sog. Drei-Stufen-Test (Art. 13 TRIPs). Interessant ist auch die Möglichkeit der Sanktionierung vertragswidrigen Verhaltens mittels des Streitschlichtungsverfahrens des GATT.

e) WCT und WPPT. Der WIPO Copyright Treaty (WCT) und WIPO Performan- **611** ces and Phonograms Treaty (WPPT), beide 2002 in Kraft getreten, enthalten Ergänzungen und Klarstellungen zur RBÜ und zum Rom-Abkommen. Der WCT vollzieht dabei insbesondere technische Entwicklungen, wie die Digitalisierung und das Internet nach. So ergänzt beispielsweise Art. 8 WCT die bisherigen Verwertungsrechte um das Recht der öffentlichen Zugänglichmachung (§ 19a UrhG) und schützt technische Maßnahmen und Informationen zur Rechtewahrnehmung (§§ 95a, 95c UrhG, s. Rn. 522 ff.). Der WPPT gewährt ausübenden Künstlern Mindestrechte (Art. 5 bis 10), einschließlich eines Künstlerpersönlichkeitsrechts sowie Mindestrechte für Tonträgerhersteller (Art. 11 bis 14).

10. Kapitel   Grundlagen des Geschmacksmusterrechts

I.   Gegenstand und Funktion des Geschmacksmusterrechts

612   **1. Eckpunkte, geschichtliche Entwicklung.** Die Gestaltung eines Produktes ist oft entscheidend für den Markterfolg. Der Konsument greift gerne zu einer Ware, die aus seiner Sicht besonders gefällig gestaltet ist. Dies gilt insbesondere, wenn andere zentrale Entscheidungskriterien für die Kaufentscheidung fehlen. Besonders deutlich wird dies bei einfachen Gebrauchsgegenständen wie einem Flaschenöffner oder einem Kugelschreiber. Aus diesem Grund investieren Unternehmen regelmäßig große Beträge in die Gestaltung ihrer Produkte. Mit dem Markterfolg eines gelungenen Erzeugnisses wächst der Reiz für die Wettbewerber, die formale Gestaltung nachzuahmen. Der Entwerfer der Gestaltung läuft Gefahr, dass sich seine Aufwendungen für das **Design** nicht amortisieren. Für ihn stellt sich daher die Frage, wie er die formale Gestaltung seiner Produkte vor Nachahmung schützen kann.

613   Ein grundsätzliches Bedürfnis für einen solchen Nachahmungsschutz ist anzuerkennen, da anderenfalls zu befürchten ist, dass die Bereitschaft, in das Design zu investieren, sinkt. Beachtet werden muss allerdings, dass die Nachahmung ein wesensimmanentes Element des Wettbewerbs ist. Auch muss eine zu weit gehende **Monopolisierung** des Formenschatzes verhindert werden. Diesen Interessenwiderstreit will das Geschmacksmusterrecht auflösen.

614   Das **Geschmacksmusterrecht** gibt einen **Schutz vor der Nachahmung von Gestaltungen.** Nach § 2 Abs. 1 GeschmMG werden Muster geschützt, die neu sind und über Eigenart verfügen. Der Schutz setzt die Anmeldung beim Deutschen Patent- und Markenamt (DPMA) voraus. Mit der Eintragung entsteht der Schutz, der maximal 25 Jahre andauert (§ 27 GeschmMG).

615   Das Geschmacksmusterrecht ist mit dem **Urheberrecht verwandt.** Es handelt sich wie beim Urheberrecht um ein Immaterialgüterrecht. Geschützt wird die geistige Leistung des Gestalters. Der Rechtsinhaber erhält das ausschließliche Recht, das Geschmacksmuster zu benutzen. Er kann Dritten verbieten, das Muster ohne seine Zustimmung zu benutzen (§ 38 GeschmMG).

Seine Wurzeln hat das Geschmacksmusterrecht im Schutz der Textilindustrie **616** vor der Nachahmung ihrer Stoffmuster, der sich in Frankreich bereits ab dem 16. Jahrhundert etablierte (*Eichmann*/v. Falckenstein, Allgemeines zum Designrecht, Rn. 1). 1876 wurde in Deutschland das erste Geschmacksmustergesetz erlassen (*Wadle*, S. 563 ff.). 1986 wurde das Gesetz umfassend novelliert. Grundlegend neue Impulse wurden durch die Rechtsvereinheitlichung auf europäischer Ebene ausgelöst. 1998 erließ die EG zur Rechtsharmonisierung die „Richtlinie über den rechtlichen Schutz von Mustern und Modellen" (98/71/ EG, ABl. Nr. L 289 v. 28.10.1998, S. 28 ff.). Der deutsche Gesetzgeber hat die Richtlinie mit dem **Geschmacksmusterreformgesetz 2004** in das nationale Recht umgesetzt (BGBl. I, S. 390 ff.).

Der Begriff „Geschmacksmuster" wirkt recht altbacken. Daher wird in letzter **617** Zeit häufig in Anlehnung an die englische Terminologie der Begriff „**Designrecht**" verwendet. Hierfür spricht zumindest der Wortlaut der eben genannten EG-Richtlinie in der englischen Fassung, die die „legal protection of designs" zum Gegenstand hat. Vollkommen kritiklos sollte dieser Begriff aber nicht übernommen werden. Der deutsche Gesetzgeber hat bei der Umsetzung der Richtlinie den etablierten Begriff „Geschmacksmuster" beibehalten. Er ermöglicht problemlos die Differenzierung zwischen der bloßen Gestaltung („Muster", § 1 Nr. 1 GeschmMG) und einer Gestaltung, die die Schutzvoraussetzungen erfüllt („Geschmacksmuster", § 2 Abs. 1 GeschmMG). Auch dürfte der etablierte Begriff „Geschmacksmuster" besser geeignet sein, die Nähe zum Urheberrecht in Erinnerung zu rufen. Der in der Haager Übereinkunft zum Geschmacksmusterrecht, einem internationalen Abkommen (näher unten Rn. 686), in der englischsprachigen Fassung verwendete Begriff „Industrial Design" deutet demgegenüber eher auf eine Nähe zu den gewerblichen Schutzrechten wie beispielsweise dem Patentrecht hin.

2. Abgrenzung zum Urheberrecht. Urheberrecht und Geschmacksmusterrecht **618** sind eng miteinander verwandt. Beide wollen den schöpferisch Tätigen schützen. Zwischen den beiden Rechtsgebieten besteht ein gradueller Unterschied (BGH GRUR 1995, 581, 582 – Silberdistel; Loewenheim/*Flechsig*, § 3 Rn. 17). Das **Geschmacksmusterrecht** verlangt im Vergleich zum Urheberrecht eine **geringere Schöpfungshöhe**. Dies demonstriert der Schutz der sog. angewandten Kunst (Beispiel: Schmuck, Möbel, Vasen, Leuchten) im Urheberrecht. Hier will die Rechtsprechung für den Urheberrechtsschutz den Schutz der sog. kleinen Münze (s. Rn. 67 f.) nicht ermöglichen und stellt strengere Anforderungen an die Schöpfungshöhe. Begründet wird dies mit dem Schutzunterbau durch das Geschmacksmusterrecht (BGH GRUR 1985, 581, 582 – Silberdistel). Da der

Gestalter von Werken der angewandten Kunst Geschmacksmusterschutz erlangen kann, seien an den Urheberrechtsschutz strengere Anforderungen zu stellen. Konsequenz kann ein Doppelschutz sein. Werke der angewandten Kunst, die die strengen Anforderungen des Urheberrechts erfüllen, können gleichzeitig einen Schutz nach dem Geschmacksmusterrecht genießen.

619
Beispiel:
Möbeldesigner D hat einen neuen Stuhl entworfen. Dieser erfüllt die Anforderungen, die an ein Geschmacksmuster zu stellen sind. Das Geschmacksmuster wird angemeldet. D erlangt damit Geschmacksmusterschutz. Wenn die Gestaltung gleichzeitig die Anforderungen an ein Werk der angewandten Kunst (§ 2 Abs. 1 Nr. 4 UrhG) erfüllt, genießt D zusätzlich auch Urheberrechtsschutz.

620
Auch das Markenrecht (**Formmarken oder dreidimensionale Marken**) und das Lauterkeitsrecht (sog. **ergänzender wettbewerbsrechtlicher Leistungsschutz,** **§ 4 Nr. 9 UWG**) können das Produktdesign schützen. Im Einzelfall bestehen schwierige Abgrenzungsfragen (vgl. hierzu *Ohly* GRUR 2007, 731 ff.).

Im Einzelfall ist zu erörtern, welches Schutzrecht geeignet ist, die gewünschten Ziele zu verwirklichen. Da die Rechtsprechung recht hohe Schutzschranken für dreidimensionale Marken aufgestellt hat (Überblick bei *Jänich*, GB 2011, 175 ff. [abrufbar unter gb-online.eu]), ist eine Geschmacksmusteranmeldung regelmäßig sehr empfehlenswert.

II. Das nationale und das europäische Geschmacksmusterschutzsystem

621
Der Schutz des Geschmacksmusters wird in Europa durch zwei verschiedene Schutzsysteme gewährleistet. Zusätzlich zu den nationalen Geschmacksmusterrechten ist durch die Gemeinschaftsgeschmacksmusterverordnung (GGV) ein gemeinschaftsweit wirksames Schutzrecht geschaffen worden. Für das Geschmacksmusterrecht gilt – wie für alle anderen Schutzrechte für geistiges Eigentum auch – das **Territorialitätsprinzip.** Dies besagt, dass ein Schutzrecht nur in dem räumlichen Bereich Wirkung entfalten kann, für das es erteilt ist (vgl. zum Territorialitätsprinzip im Urheberrecht s. Rn. 588 f.). Ein deutsches Ge-

schmacksmusterrecht gibt damit nur im räumlichen Gebiet der Bundesrepublik Deutschland Schutz vor Nachahmung.

Beispiel: 622

D hat vom DPMA ein deutsches Geschmacksmusterrecht für die Gestaltung einer Lampe erhalten. Das Recht ermöglicht es ihm, sich gegen eine Nachahmung seiner Lampe in Deutschland zur Wehr zu setzen. In anderen Staaten kann das Design hingegen kopiert werden, ohne Rechte des D zu verletzen.

Um die hieraus folgenden Schwierigkeiten abzumildern, wurde bereits frühzeitig mithilfe eines völkerrechtlichen Vertrages, dem **Haager Musterabkommen**, ein internationales Schutzsystem etabliert (hierzu Rn. 686). 623

Mit der **Gemeinschaftsgeschmacksmusterverordnung (GGV)** vom 12.12.2001 (VO 6/2002, ABl. EG Nr. L 3 v. 5.1.2002, S. 1 ff.). hat die EU ein gemeinschaftsweites Schutzsystem für Geschmacksmuster errichtet. Die Registrierung eines Geschmacksmusters bei der zuständigen Behörde, dem „Harmonisierungsamt für den Binnenmarkt (Marken, Muster und Modelle)" (abgekürzt: HABM) in Alicante ermöglicht die Erlangung eines einzigen Schutzrechts, das gemeinschaftsweite Wirkung hat. 624

Beispiel: 625

Lässt der Designer D aus dem vorgenannten Beispielsfall das Geschmacksmuster beim HABM registrieren, kann er sich gegen Nachahmungen in allen Mitgliedstaaten der Europäischen Union verteidigen.

Der Anmelder kann also entscheiden, ob er ein nationales oder ein gemeinschaftsweit wirksames Schutzrecht erwerben möchte. Die Schutzvoraussetzungen sind aufgrund der Rechtsharmonisierung (**Geschmacksmusterrichtlinie** einerseits und **Gemeinschaftsgeschmacksmusterverordnung** andererseits) praktisch identisch. Auch besteht die Möglichkeit, ein (oder mehrere) nationale Geschmacksmuster und ein Gemeinschaftsgeschmacksmuster zu erwerben. 626

Eine Besonderheit ist das **nicht eingetragene Gemeinschaftsgeschmacksmuster**: Wird ein Geschmacksmuster der Öffentlichkeit innerhalb der Gemeinschaft zugänglich gemacht, gewährt Art. 11 GGV für einen Zeitraum von **drei Jahren** einen Schutz als nicht eingetragenes Gemeinschaftsgeschmacksmuster. Hierzu findet sich keine Parallele im deutschen Recht. Eine solche wäre im Übrigen auch entbehrlich. 627

11. Kapitel   Der nationale Geschmacksmusterschutz nach dem GeschmMG

I.   Schutzvoraussetzungen

628   **1. Muster und Geschmacksmuster.** Das GeschmMG schützt „Geschmacksmuster" (vgl. nur § 38 GeschmMG). Der Begriff des Geschmacksmusters wird in § 2 GeschmMG legal definiert. Danach wird als **Geschmacksmuster** ein Muster geschützt, das neu ist und über Eigenart verfügt. Es müssen also drei Voraussetzungen vorliegen. Die Begriffe Neuheit und Eigenart werden ebenfalls in § 2 (§ 2 Abs. 2, Abs. 3 GeschmMG) definiert. Der Begriff „Muster" wird in § 1 Nr. 1 GeschmMG erläutert.

629   **Voraussetzungen eines Geschmacksmusters:**
- Muster, § 1 Nr. 1 GeschmMG
- neu, § 2 Abs. 2 GeschmMG
- Eigenart, § 2 Abs. 3 GeschmMG

630   Ein **Muster** ist nach § 1 Nr. 1 GeschmMG die zweidimensionale oder dreidimensionale Erscheinungsform eines ganzen Erzeugnisses oder eines Teils davon. Diese kann sich insbesondere aus den Merkmalen der Linien, Konturen, Farben, der Gestalt, Oberflächenstruktur oder der Werkstoffe des Erzeugnisses selbst oder seiner Verzierung ergeben (§ 1 Nr. 1 Hs. 2 GeschmMG). Die Erscheinungsform ist also die Gesamtheit der äußeren Merkmale eines **Erzeugnisses**.

631   Der Begriff des **Erzeugnisses** wird in § 1 Nr. 2 GeschmMG erläutert. „Erzeugnis" ist jeder industrielle oder handwerkliche Gegenstand. Auch Verpackungen, graphische Symbole und Einzelteile, die zu einem komplexen Erzeugnis zusammengefügt werden sollen, sind Erzeugnisse. Ausdrücklich aus dem Kreis der Erzeugnisse ausgenommen werden Computerprogramme.

632   Ein **komplexes Erzeugnis** ist ein Erzeugnis aus mehreren Bauelementen (§ 1 Nr. 3 GeschmMG).

Beispiel: **633**
Ein Pkw ist ein komplexes Erzeugnis. Er besteht aus einer Vielzahl von Bauelementen (Karosserieteile, Motor, Räder etc.). § 1 Nr. 2, 3 GeschmMG eröffnet grundsätzlich die Möglichkeit, für jedes einzelne Element Geschmacksmusterschutz zu erlangen (zu beachten ist aber die Schutzschranke des § 4 GeschmMG).

Weiter erforderlich ist, dass das Muster „**neu**" ist. Ein Muster gilt als „neu", **634** wenn vor dem Anmeldetag kein identisches Muster offenbart worden ist (§ 2 Abs. 2 S. 1 GeschmMG). Muster gelten als identisch, wenn sie sich nur in unwesentlichen Einzelheiten unterscheiden (§ 2 Abs. 2 S. 2 GeschmMG). Für die Prüfung der Neuheit ist das Muster also mit dem vorbekannten Formenschatz zu vergleichen.

Gleiches gilt für die Feststellung von **Eigenart**. Nach § 2 Abs. 3 GeschmMG hat **635** ein Muster Eigenart, wenn sich der **Gesamteindruck**, den es beim informierten Benutzer hervorruft, von dem Gesamteindruck unterscheidet, den ein anderes, älteres Muster bei diesem Benutzer hervorruft. Die Gestaltungsfreiheit des Entwerfers ist zu berücksichtigen (§ 2 Abs. 3 S. 2 GeschmMG). Für die Ermittlung der Eigenart ist die Unterschiedlichkeit der Muster entscheidend (BGH GRUR 2010, 718, Rn. 32 – Verlängerte Limousinen [zu Art. 6 GGV]). Hierzu ist das zu untersuchende Muster mit bereits vorhandenen Mustern zu vergleichen. (BGH a.a.O.). Die prägenden Merkmale sind herauszuarbeiten und gegenüberzustellen (BGH a.a.O.). Anders als im Urheberrecht ist also nicht auf eine bestimmte Schöpfungshöhe abzustellen. Entscheidend ist vielmehr die Unterschiedlichkeit. Für die Beurteilung ist auf einen informierten Benutzer abzustellen. Gemeint ist damit kein Designexperte. Abgestellt werden soll auf eine Person, die über ein gewisses Maß an Kenntnissen und Designbewusstsein verfügt (*Eichmann*/v. Falckenstein, § 2 Rn. 29).

Die Merkmale „**Neuheit**" und „**Eigenart**" sind nur schwer gegeneinander **abzu-** **636**
grenzen. Das Kriterium der Neuheit geht in dem der Eigenart auf. Eine selbständige Bedeutung kommt ihm nicht zu (vgl. *Eichmann*/v. Falckenstein, § 2 Rn. 29, der dem Merkmal für sog. Gestaltungsübertragungen [Beispiel: Rennwagendesign als Kinderstuhl]) Bedeutung beimisst).

Es empfiehlt sich, in der Klausur zunächst das Merkmal „Eigenart" zu prüfen. Bei der „Neuheit" kann dann verwiesen werden.

637 Ob ein Muster neu ist und über Eigenart verfügt, ist durch einen Vergleich mit den bis zum Anmeldetag offenbarten Mustern festzustellen (§ 2 Abs. 2, Abs. 3 GeschmMG). Der Begriff der **Offenbarung** wird in § 5 **GeschmMG** definiert. Ein Muster ist offenbart, wenn es der Öffentlichkeit zugänglich gemacht wurde. Beispiele sind das Anbieten des Erzeugnisses auf dem Markt oder das Ausstellen auf einer Messe. Allerdings hat der Entwerfer etwas Überlegungszeit bis zur Anmeldung: eine Offenbarung ist nicht neuheitsschädlich, wenn sie in einem Zeitraum von 12 Monaten vor dem Anmeldetag erfolgt ist, sog. **Neuheitsschonfrist** (§ 6 GeschmMG).

638 **2. Schutzausschlussgründe.** § 3 GeschmMG benennt Schutzausschlussgründe. Die Norm trägt einem Freihaltebedürfnis der Allgemeinheit Rechnung. Bestimmte Gestaltungen sollen nicht monopolisiert werden. Von zentraler Bedeutung ist § 3 Abs. 1 Nr. 1 GeschmMG. Erscheinungsmerkmale von Erzeugnissen, die **ausschließlich** durch deren **technische Funktion** bedingt sind, werden vom Geschmacksmusterschutz ausgeschlossen. Der Schutz technischer Innovationen soll durch das Patentrecht und das Gebrauchsmusterrecht, nicht aber durch das Geschmacksmusterrecht gewährleistet werden. § 3 Abs. 1 Nr. 2 GeschmMG schließt den Schutz für Verbindungselemente aus. Hierdurch sollen Monopolisierungen auf dem Ersatzteilmarkt abgewehrt werden (hierzu *Klawitter* EWS 2001, 157 ff.). Möglich ist aber nach § 3 Abs. 2 GeschmMG ein Schutz von Elementen eines Bauteilsystems wie den LEGO-Bausteinen oder dem Gardena-Schlauchverbindungssystem. Eine weitere Regelung, die den Ersatzteilmarkt betrifft, ist § 4 GeschmMG. Die Norm statuiert ein **Sichtbarkeitserfordernis**. Verhindert werden soll die Monopolisierung des Kfz-Ersatzteilmarktes für Produkte wie Lichtmaschine, Kupplung und Abgasanlage, die bei bestimmungsgemäßer Verwendung nicht sichtbar sind. Die Reichweite dieses Schutzausschlussgrundes ist schwer bestimmbar. Ist der Bremsbelag, der durch das filigrane Aluminiumrad erkennbar ist, „sichtbar"? Ist die Abschlussblende des Endschalldämpfers einer Auspuffanlage geschmacksmusterfähig? Der wenig gelungene Gesetzeswortlaut bereitet erhebliche Auslegungsschwierigkeiten.

II. Rechtsinhaberschaft

Das Recht auf das Geschmacksmuster steht dem **Entwerfer** zu, § 7 Abs. 1 S. 1   **639**
GeschmMG). Haben mehrere gemeinsam das Muster entworfen, so steht
ihnen auch das Geschmacksmuster gemeinschaftlich zu (§ 7 Abs. 1 S. 2 GeschmMG). Ist das Geschmacksmuster durch einen Arbeitnehmer im Rahmen
seiner Tätigkeit entworfen worden, wird – sofern nichts anderes vereinbart worden ist – das Recht dem Arbeitgeber zugeordnet (§ 7 Abs. 2 GeschmMG). Das
Geschmacksmusterrecht unterscheidet sich hier erheblich vom Urheberrecht
und vom Patentrecht. Da das Urheberrecht nicht übertragbar ist, steht dieses
immer auch dem angestellten Urheber zu. Der Arbeitgeber hat allenfalls Nutzungsrechte (s. Rn. 132 ff.). Für das Patentrecht findet sich eine umfassende,
fein differenzierende Regelung im Arbeitnehmererfindungsgesetz.

Um die Durchführung von Eintragungs- und Verletzungsverfahren zu erleich-   **640**
tern, begründet § 8 GeschmMG eine gesetzliche, widerlegbare **Vermutung** der
Inhaberschaft für den Anmelder und den Rechtsinhaber. Ist die Eintragung für
einen Nichtberechtigten erfolgt, kann der nach § 7 GeschmMG Berechtigte die
Übertragung des Geschmacksmusters oder die Einwilligung in die Löschung
verlangen (§ 9 GeschmMG).

III. Das Verfahren in Geschmacksmustersachen

1. Deutsches Patent- und Markenamt. Für das Verfahren in Geschmacksmus-   **641**
tersachen zuständig ist das deutsche Patent- und Markenamt (DPMA) mit Sitz
in München. Das für das Geschmacksmusterrecht zuständige Referat befindet
sich in der Dienststelle Jena des DPMA. Das Verfahren in Geschmacksmustersachen unterscheidet sich erheblich vom Verfahren in Markensachen. Geregelt
ist das Eintragungsverfahren in den §§ 11 ff. GeschmMG. Ein Widerspruchsverfahren oder ein Löschungsverfahren vor dem Amt findet – anders als in Markensachen (§§ 42, 54 MarkenG) – nicht statt. Nichtigkeitsverfahren und Verfahren auf Einwilligung in die Löschung (§§ 32, 34 GeschmMG) sind den
ordentlichen Gerichten zugewiesen. In der Geschmacksmusterverordnung
(GeschmMV) finden sich Regelungen, die die Bestimmungen des GeschmMG
zum Verfahren konkretisieren.

642 **2. Das Eintragungsverfahren.** Nach § 11 GeschmMG ist ein Geschmacksmuster zur Eintragung beim DPMA **anzumelden.** Nähere inhaltliche Anforderungen an die Anmeldung statuiert § 11 Abs. 2 GeschmMG. Nach § 11 Abs. 2 Nr. 3 GeschmMG muss die Anmeldung eine zur „Bekanntmachung geeignete Wiedergabe des Musters" enthalten. Erforderlich ist eine fotografische oder sonstige graphische Wiedergabe des Musters (§ 6 GeschmMV). Das aktuelle Geschmacksmusterrecht beruht auf dem Grundsatz der **Bildwiedergabe.** Die früher gegebene Möglichkeit, das konkrete Muster zu hinterlegen, existiert nicht mehr.

> Auf die Herstellung des Fotos für die Anmeldung ist große Sorgfalt zu verwenden: Hiernach bestimmt sich der spätere Schutzumfang des Geschmacksmusters.

643 An die Anmeldung schließt sich das Prüfungsverfahren vor dem DPMA an. Es erfolgt nur eine **bloße Formalprüfung** nach § 16 GeschmMG. In materieller Hinsicht prüft das DPMA lediglich, ob es sich um ein Muster im Sinne des § 1 Nr. 1 GeschmMG handelt und ob das Muster nicht gegen die guten Sitten oder die öffentliche Ordnung (§ 3 Abs. 1 Nr. 3 GeschmMG) verstößt. Insbesondere wird **nicht** geprüft, ob das Muster neu ist und über Eigenart verfügt (§ 2 GeschmMG). Sind alle Eintragungsvoraussetzungen erfüllt, erfolgt die Bekanntmachung (§ 20 GeschmMG) im Geschmacksmusterblatt. Zugang zum Geschmacksmusterblatt und zum Bestand der angemeldeten Geschmacksmuster gibt die kostenlos verfügbare Datenbank „DPMAregister", zugänglich über http://www.dpma.de.

644 Das Geschmacksmuster ist ein preisgünstig zu erlangendes Recht. Die Anmeldung kostet 70 Euro (Stand: Juli 2011). Mit einer Sammelanmeldung (§ 12 GeschmMG) können die Kosten auf bis zu 7 Euro pro Muster gesenkt werden.

645 **3. Nichtigkeitsverfahren; Löschungsverfahren.** Ein eingetragenes *Geschmacksmuster* ist nach § 33 GeschmMG nichtig, wenn es sich nicht um ein *Muster* handelt (§ 1 GeschmMG), wenn es an der Neuheit oder Eigenart fehlt (§ 2 GeschmMG) oder das Muster vom Schutz nach § 3 GeschmMG ausgeschlossen ist. Die Nichtigkeit ist durch Klage vor den ordentlichen Gerichten geltend zu machen. Dies folgt aus § 33 Abs. 2 GeschmMG. Die Klage ist als Popularklage ausgestaltet: jedermann ist zur Klage befugt. Ist die Klage erfolgreich, wird das rechtskräftige Urteil beim DPMA vorgelegt. Dieses verfügt dann die Löschung des Geschmacksmusters (§ 36 Abs. 1 Nr. 5 GeschmMG).

Kollidiert das Geschmacksmuster mit prioritätsälteren (also früher angemelde- **646** ten) Geschmacksmustern oder mit Urheber- oder Kennzeichenrechten, kann (nur) der betroffene Rechtsinhaber Einwilligung in die **Löschung** verlangen (§ 34 GeschmMG). Wird die Einwilligung nicht erteilt, ist vor den ordentlichen Gerichten Klage auf Einwilligung in die Löschung zu erheben (Eichmann/ *v. Falckenstein*, § 35 Rn. 9). Ist die Klage erfolgreich, erfolgt Löschung nach § 36 Abs. 1 Nr. 4 GeschmMG. Darüber hinaus erfolgt eine Löschung nach § 36 GeschmMG bei Verzicht, Einwilligung in die Löschung durch einen Nichtberechtigten, der eingetragen worden ist (vgl. § 9 GeschmMG), und bei **Schutzbeendigung durch Zeitablauf.** Das Geschmacksmusterrecht ist ein zeitlich befristetes Ausschließlichkeitsrecht. Die Schutzdauer beträgt maximal **25 Jahre**, § 27 Abs. 2 GeschmMG.

IV. Verfügungen über das Geschmacksmuster

Das Geschmacksmuster ist wie das Sacheigentum ein Gegenstand des Vermö- **647** gens. Nach § 29 Abs. 1 GeschmMG kann das Geschmacksmusterrecht auf andere **übertragen** werden oder übergehen (beispielsweise im Wege der Gesamtrechtsnachfolge gemäß § 1922 BGB nach dem Tod des Inhabers). Nach § 29 Abs. 2 GeschmMG wird vermutet, dass bei einem Unternehmensübergang auch die Geschmacksmuster mitübertragen werden. Im Geschmacksmusterregister kann eine Übertragung des Geschmacksmusters vermerkt werden (§ 29 Abs. 3 GeschmMG). Die Eintragung hat aber (anders als beim Eigentum an unbeweglichen Sachen die Grundbucheintragung) nur deklaratorische Wirkung. Der Eigentumsübergang ist auch ohne Eintragung wirksam. Ein gutgläubiger Erwerb des Geschmacksmusterrechts vom Nichtberechtigten ist nicht möglich. Nach § 30 GeschmMG kann in das Geschmacksmusterrecht die **Zwangsvollstreckung** betrieben werden.

Wie bei den anderen Schutzrechten für geistiges Eigentum auch kann der **648** Rechtsinhaber **Lizenzen** vergeben. Die Grundidee des Lizenzvertrages ist es, dass der Inhaber des Geschmacksmusterrechts auf sein ausschließliches Benutzungsrecht verzichtet und seinem Vertragspartner, dem Lizenznehmer, gegen eine Vergütung die Befugnis einräumt, das Geschmacksmuster zu benutzen. Unterschieden werden können – wie im Urheberrecht (§ 31 Abs. 2, Abs. 3 UrhG, dazu Rn. 542 ff.) – ausschließliche und nicht ausschließliche Lizenzen. Bei der nicht ausschließlichen Lizenz erwirbt der Lizenznehmer vom Rechtsinhaber, dem Lizenzgeber, nur ein einfaches Benutzungsrecht. Der Lizenzgeber kann weitere Rechte dieser Art vergeben. Bei der ausschließlichen Lizenz kann der Lizenznehmer alle, also auch den Rechtsinhaber, von der Benutzung ausschließen. Der Lizenzvertrag ist ein **verkehrstypischer gemischter Vertrag** mit einem ausgeprägten pachtrechtlichen Element (so zutreffend Palandt/*Weidenkaff*, vor § 581 Rn. 7. Recht unscharf ist die oft anzutreffende Formulierung, es handele sich um einen „Vertrag sui generis".). Ausgesprochen kompliziert ist die Regelung zur Geltendmachung von Rechten im Verletzungsfall (vgl. hierzu ausführlich *Eichmann*/v. Falckenstein, § 31 Rn. 27 ff.). Die Grundregel enthält § 31 Abs. 3 S. 1 GeschmMG. Danach darf der Lizenznehmer ein Verletzungsverfahren nur mit Zustimmung des Rechtsinhabers anstrengen.

V. Die Wirkungen des eingetragenen Geschmacksmusters

649 1. **Grundsatz: § 38 GeschmMG.** Nach § 38 GeschmMG hat der Rechtsinhaber das ausschließliche Recht, das Geschmacksmuster zu benutzen. Er kann es Dritten verbieten, das Geschmacksmuster ohne seine Zustimmung zu benutzen. Aber wann liegt eine Verletzung des Geschmacksmusters vor? Hierzu bestimmt § 38 Abs. 2 GeschmMG, dass sich der Schutz auf jedes Muster erstreckt, das beim **informierten Benutzer keinen anderen Gesamteindruck erweckt.** Ist also eine Verletzung des Geschmacksmusters zu prüfen, muss das geschützte Muster mit der vermeintlich verletzenden Gestaltung verglichen werden. Ist der Gesamteindruck für einen informierten Benutzer identisch, liegt eine Verletzung vor.

650 **Beispiel (nach BGH GRUR 2010, 718 – verlängerte Limousinen [zur GGV]):** Ein Automobilhersteller hat Geschmacksmusterschutz für das Design einer Luxuslimousine (Standardversion und gestreckte Variante). Ein Hersteller von gepanzerten Limousinen bietet das Fahrzeug in einer noch weiter verlängerten Version an. Der geringe Unterschied in der Länge löst keinen anderen Gesamteindruck aus. Das Geschmacksmuster ist damit verletzt.

651 Im Vordergrund der Beurteilung stehen diejenigen Merkmale, die die Eigenart des Geschmacksmusters begründen (BGH GRUR 2011, 423 – Baugruppe II).

Zu berücksichtigen ist der Grad der **Gestaltungsfreiheit**, § 38 Abs. 2 S. 2 GeschmMG. Gibt es nur wenige Gestaltungsmöglichkeiten, ist der Schutzumfang des Geschmacksmusters gering. Entscheidend in zeitlicher Hinsicht soll die Eintragung des vermeintlich verletzten Geschmacksmusters sein (BGH GRUR 2011, 142, Rn. 18 – Untersetzer [zur GGV]; a.A. EuG GRUR-RR 2010, 189, Rn. 69 f. – Grupo Promer; der EuGH [Urt. v. 20.10.2011 – C 281/10 P] nahm zum entscheidungserheblichen Zeitpunkt nicht Stellung).

Für den Vergleich sind das geschützte Muster und die vermeintlich verletzende **652** Gestaltung unmittelbar gegenüberzustellen (OLG Hamburg BeckRS 2007, 08985 – Handydesign). Die Beurteilung hat aus der Perspektive eines **informierten Benutzers** zu erfolgen. Dies ist weder ein Designexperte noch ein an Designfragen vollkommen uninteressierter Verbraucher. Abgestellt werden kann auf einen potentiellen Erwerber, der ein gewisses Designbewusstsein hat und dem Design in dem jeweiligen Bereich eine gewisse Beachtung schenkt (OLG Hamburg BeckRS 2007, 08985).

2. Vermutung nach § 39 GeschmMG. Zur Erleichterung der Rechtsdurchset- **653** zung ordnet § 39 GeschmMG eine weit gehende Vermutung an: zu Gunsten des Rechtsinhabers des eingetragenen Geschmacksmusters wird vermutet, dass die an die „Rechtsgültigkeit" zu stellenden Anforderungen erfüllt sind. Erfasst werden alle Umstände, die Gegenstand der Nichtigkeitsklage sein können. Vermutet werden also auch Musterfähigkeit, Neuheit und Eigenart (Eichmann/*v. Falckenstein*, § 39 Rn. 3). Anders als im Patent- und Markenrecht gibt es aber im Geschmacksmusterrecht keine Bindung des Verletzungsrichters an die Eintragungsentscheidung. In einem Verletzungsverfahren kann also der vermeintliche Verletzer einwenden, das eingetragene Geschmacksmuster sei nicht musterfähig, neu oder es fehle die Eigenart. Ihn trifft allerdings die Beweislast für das Fehlen der Voraussetzungen.

3. Schranken. Das Geschmacksmusterrecht wird ebenso wie das Urheberrecht **654** nicht schrankenlos gewährt. **§ 40 GeschmMG** unterwirft das Ausschließlichkeitsrecht des Rechtsinhabers einem kompakten Schrankenkatalog. Zulässig sind Handlungen im privaten Bereich zu nicht gewerblichen Zwecken. Ebenso sind Handlungen zu Versuchszwecken, zum Zwecke der Zitierung und zur Veranschaulichung in der Lehre zulässig (der Begriff „Zitierung" beruht eventuell auf einer unglücklichen sprachlichen Fassung der Geschmacksmusterrichtlinie, vgl. *Eichmann*/v. Falckenstein, § 40 Rn. 5). Auch in Bezug auf im Ausland zugelassene Schiffe und Luftfahrzeuge können Rechte nicht geltend gemacht werden.

655   **Beispiel** (nach BGH, WRP 2011, 1463 – ICE):
Die Deutsche Bahn AG verfügt über ein Geschmacksmuster für das Design des ICE 3. Die F stellt Radsatzprüfanlagen für Schienenfahrzeuge, u.a. für den ICE 1, her. In einem Katalog wirbt sie mit einer Abbildung des ICE 3 für ihre Leistungen auf dem Gebiet der Schienenfahrzeugtechnik. Eine „Zitierung" nach § 40 Nr. 3 GeschmMG liegt nicht vor, da die F keine Leistungen für den ICE 3 anbietet, die Abbildung vielmehr nur dem Marketing dient.

656   **4. Vorbenutzungsrecht.** Ähnlich wie das Patentrecht (§ 12 PatG) kennt auch das Geschmacksmusterrecht ein Vorbenutzungsrecht. Wer schon vor der Anmeldung des Geschmacksmusters ein identisches Muster, das unabhängig von dem eingetragenen Geschmacksmuster entwickelt wurde, in Benutzung genommen hat, darf dieses nach § 41 GeschmMG **weiterbenutzen**. Er kann vom Geschmacksmusterinhaber nicht auf Unterlassung und Schadensersatz in Anspruch genommen werden.

657   **5. Schutzdauer.** Die Schutzdauer des eingetragenen Geschmacksmusters beträgt maximal **25 Jahre**, gerechnet ab dem Anmeldetag (§ 27 Abs. 2 GeschmMG). Regelmäßig sind Aufrechterhaltungsgebühren zu zahlen (§ 28 GeschmMG). Erfolgt die Zahlung nicht, endet der Schutz und das Geschmacksmuster wird gelöscht (§§ 28 Abs. 3, 36 Abs. 1 Nr. 1 GeschmMG).

658   **6. Erschöpfung.** Auch für das Geschmacksmusterrecht gilt der immaterialgüterrechtliche Grundsatz der **gemeinschaftsweiten Erschöpfung** (für das Urheberrecht oben Rn. 255 ff.). Wenn ein Produkt mit Zustimmung des Rechtsinhabers eines Rechts des geistigen Eigentums innerhalb der Europäischen Union in den Verkehr gebracht worden ist, kann er aus seinem subjektiven Geschmacksmusterrecht keine Befugnisse mehr herleiten. Für das Geschmacksmusterrecht ist dies in § 48 GeschmMG geregelt.

659   **Beispiel:**
X ist Inhaber eines deutschen Geschmacksmusters für einen Getränkeuntersetzer. Er bringt Getränkeuntersetzer in Frankreich in den Verkehr. Y erwirbt diese Untersetzer in Frankreich, um sie anschließend in Deutschland zu veräußern. X kann den Vertrieb in Deutschland nicht aufgrund seines Geschmacksmusters unterbinden: Das Recht ist mit dem Inverkehrbringen in Frankreich erschöpft.

VI. Rechtsverletzungen

1. Überblick. Mit der Umsetzung der sog. Enforcement-Richtlinie (Rechts- **660**
durchsetzungsrichtlinie) der EU (Richtlinie 2004/48/EG, ABl. EG Nr. L 195
v. 2.6.2004, S. 45 ff.) hat der deutsche Gesetzgeber die Rechtsfolgen bei der Verletzung von Rechten des geistigen Eigentums vereinheitlicht. Die Ausführungen zur Verletzung des Urheberrechts (s. Rn. 488 ff.) können daher grundsätzlich auch hier Geltung beanspruchen.

2. Beseitigung, Unterlassung und Schadensersatz (§ 42 GeschmMG). Wer **661**
entgegen § 38 Abs. 1 GeschmMG ein Geschmacksmuster benutzt, ist zur Beseitigung verpflichtet. Liegt Wiederholungsgefahr vor, wird auch Unterlassung
geschuldet. Die erstmalige Begehung der Rechtsverletzung begründet grundsätzlich Wiederholungsgefahr. Diese kann durch eine **strafbewehrte Unterlassungserklärung** ausgeräumt werden. In einer solchen verpflichtet sich der Verletzer vertraglich, zukünftig Rechtsverletzungen zu unterlassen. Für den Fall
der Zuwiderhandlung verspricht er die Zahlung einer Vertragsstrafe. Vor Einleitung einer gerichtlichen Streitigkeit wird der Verletzer typischerweise durch
den Rechtsinhaber mit einer **Abmahnung** aufgefordert, eine solche Erklärung
abzugeben (Rn. 665).

Auf Unterlassung haften Täter, Teilnehmer und Störer (vgl. näher Rn. 498 ff.). **662**
Zwar ist die Störerhaftung für das Lauterkeitsrecht (UWG) heute aufgrund der
Figur der wettbewerblichen Verkehrspflichten entbehrlich. Für den Bereich der
Ausschließlichkeitsrechte, zu denen auch das Geschmacksmusterrecht gehört,
hält die Rechtsprechung an der Störerhaftung fest (vgl. BGH GRUR 2010, 633,
Rn. 19 – Sommer unseres Lebens; BGH GRUR 2011, 152, Rn. 45 – Kinderhoch-
stühle im Internet; kritisch *Köhler*/Bornkamm, § 8 UWG Rn. 2.17).

Es gilt das zum Unterlassungsanspruch oben (Rn. 493 ff.) Ausgeführte.
Also: Kein Verschulden erforderlich; Wiederholungsgefahr als materiell-
rechtliche Anspruchsvoraussetzung (h.M.).

Handelt der Verletzer **schuldhaft** (vorsätzlich oder fahrlässig), ist er gemäß § 42 **663**
Abs. 2 GeschmMG zum Schadensersatz verpflichtet. Anerkannt ist hier wie bei
allen anderen Schutzrechten des geistigen Eigentums die sog. dreifache Scha-
densberechnung. Der Verletzte kann zwischen dem ihm entgangenen Gewinn,
der Herausgabe des Verletzergewinns und der Lizenzanalogie wählen (näher
zu den Schadensberechnungsmethoden Rn. 504). Recht merkwürdig ist dem

Gesetzgeber die sprachliche Fassung des § 42 Abs. 2 S. 2, 3 GeschmMG geraten. Zumindest der Wortlaut der Norm scheint der Gewährung eines Strafschadensersatzes nicht entgegenzustehen. Ein solcher ist dem deutschen Recht aber grundsätzlich fremd.

664   **3. Weitere Ansprüche.** Nach § 43 GeschmMG kann der Verletzte die Vernichtung der rechtswidrig hergestellten oder verbreiteten Erzeugnisse verlangen. Auch sind diese aus der Vertriebskette zurückzurufen. § 46 GeschmMG gibt einen Anspruch auf Auskunft über Herkunft und Vertriebswege der Erzeugnisse. Dieser Auskunftsanspruch ist zu trennen vom allgemeinen zivilrechtlichen Auskunftsanspruch, der die Berechnung des Schadensersatzanspruches aus § 42 Abs. 2 GeschmMG ermöglichen soll. § 46a GeschmMG gibt einen Anspruch auf Vorlage einer Urkunde oder Besichtigung einer Sache schon dann, wenn die **hinreichende Wahrscheinlichkeit** einer Rechtsverletzung besteht. Die Norm ist in Umsetzung der Enforcement-Richtlinie geschaffen worden. Zuvor wurde ein entsprechender Anspruch auf der Grundlage des § 809 BGB gewährt (BGH GRUR 2002, 1046 – Faxkarte [zum Urheberrecht]). Alle Ansprüche verjähren grundsätzlich nach drei Jahren, § 49 GeschmMG i.V.m. § 195 BGB. Der vorsätzliche (§ 15 StGB) Verletzer macht sich nach Maßgabe des § 51 GeschmMG strafbar.

665   **4. Verfahren.** Geschmacksmusterrechtliche Streitigkeiten werden typischerweise mit einer **Abmahnung** (oft auch in Abgrenzung zum Wettbewerbsrecht als „**Verwarnung**" bezeichnet) eingeleitet (Rn. 515). Da die unberechtigte Schutzrechtsverwarnung nach § 823 Abs. 1 BGB zum Schadensersatz verpflichtet (BGH GRUR 2005, 882 – Unberechtigte Schutzrechtsverwarnung), wird der Berechtigte häufig zunächst nur eine so genannte **Berechtigungsanfrage** stellen. In einer Berechtigungsanfrage bittet der Schutzrechtsinhaber um Aufklärung darüber, warum sich der Angefragte für berechtigt hält, die geschützte Gestaltung zu verwenden. Erfolgt keine Reaktion, wird der Geschmacksmusterinhaber eine **einstweilige Verfügung** (§§ 935, 940 ZPO) in Erwägung ziehen. Um den Erlass einer einstweiligen Verfügung ohne mündliche Verhandlung zu verhindern, bei der die Argumente des vermeintlichen Verletzers nicht berücksichtigt werden (Entscheidung im Beschlussweg ohne mündliche Verhandlung nach § 922 Abs. 1 S. 1 Var. 2 ZPO), kann dieser bei Gericht eine **Schutzschrift** hinterlegen. Alternativ kann der Rechtsinhaber auch sofort **Klage** in der Hauptsache erheben. Zuständig sind streitwertunabhängig die Landgerichte, § 52 GeschmMG. Durch Rechtsverordnung haben die meisten Bundesländer die Zuständigkeit auf bestimmte Landgerichte konzentriert (Übersicht im Schönfelder-Ergänzungsband, Anmerkung zu § 52 GeschmMG).

12. Kapitel   Das Gemeinschaftsgeschmacksmuster

I. Einleitung

Die Grundzüge und Grundprinzipen des Gemeinschaftsgeschmacksmuster- **666** systems und das Verhältnis zum nationalen Schutz sind bereits erörtert worden (Rn. 621 ff.). Die Schutzsysteme ähneln sich sehr stark, da recht zeitnah zur Einführung des Gemeinschaftsgeschmacksmustersystems (**VO Nr. 6/2002** vom 12. 12. 2001) das Geschmacksmusterrecht auf europäischer Ebene harmonisiert worden ist (Richtlinie 98/71/EG, ABl. Nr. L 289 v. 28. 10. 1998, S. 28 ff.; 2004 in das deutsche Recht umgesetzt, BGBl. I, S. 390 ff.). Ein zentraler Unterschied zwischen den beiden Systemen ist das nicht eingetragene Gemeinschaftsgeschmacksmuster (Art. 11 Abs. 1 GGV). Ein Geschmacksmusterschutz ohne Eintragung ist dem deutschen Recht unbekannt.

II. Schutzvoraussetzungen des eingetragenen Geschmacksmusters

Die Schutzvoraussetzungen ähneln sehr stark den Bestimmungen des Ge- **667** schmMG. Allerdings ist die Terminologie abweichend: Das deutsche Recht bezeichnet als „Muster" die Erscheinungsform eines Erzeugnisses oder eines Teils davon (§ 1 Nr. 1 GeschmMG). Als „Geschmacksmuster" wird das subjektive Recht bezeichnet (§ 2 Abs. 1 GeschmMG). Demgegenüber wird im Gemeinschaftsgeschmacksmusterrecht die Erscheinungsform „**Geschmacksmuster**" und das subjektive Recht „**Gemeinschaftsgeschmacksmuster**" genannt (Art. 3 a; Art. 4 Abs. 1 GGV).

Der Schutz als Gemeinschaftsgeschmacksmuster setzt voraus, dass das Ge- **668** schmacksmuster **neu** ist und über **Eigenart** verfügt (Art. 4 Abs. 1 GGV). Die Begriffe der Neuheit und Eigenart werden in Art. 5 f. GGV legal definiert. Ein eingetragenes Geschmacksmuster gilt als neu, wenn der Öffentlichkeit vor dem Tag der Anmeldung kein identisches Muster zugänglich gemacht worden ist

(Art. 5 Abs. 1 lit. b GGV). Ein Muster verfügt gemäß Art. 6 Abs. 1 lit. b GGV über Eigenart, wenn sich der Gesamteindruck, den es beim informierten Benutzer hervorruft, von dem Gesamteindruck unterscheidet, den ein prioritätsälteres Geschmacksmuster hervorruft (zu diesen Merkmalen im GeschmMG s. Rn. 634 ff.). Die Regelung zum Sichtbarkeitserfordernis für Bauelemente komplexer Erzeugnisse, die insbesondere für Kfz-Ersatzteile von Bedeutung ist, findet sich in Art. 4 Abs. 2 GGV (sehr kritisch zu diesem Merkmal *Ruhl*, Art. 4 Rn. 10).

III. Das nicht eingetragene Gemeinschaftsgeschmacksmuster

669 Eine Besonderheit des Gemeinschaftsgeschmacksmusterschutzes ist das nicht eingetragene Gemeinschaftsgeschmacksmuster. Nach Art. 11 Abs. 1 GGV wird ein Geschmacksmuster, das die Schutzvoraussetzungen wie „Neuheit" und „Eigenart" erfüllt, für die Dauer von **drei Jahren** als nicht eingetragenes Gemeinschaftsgeschmacksmuster geschützt. Die Schutzfrist beginnt mit der bloßen Zugänglichmachung des Musters innerhalb der Gemeinschaft. Eine **Registrierung** ist **nicht erforderlich**.

670 **Bespiel:**
A bringt eine Blumenvase in Frankreich auf den Markt. Die Gestaltung der Blumenvase erfüllt die Anforderungen wie „Neuheit" und „Eigenart", die an ein Gemeinschaftsgeschmacksmuster zu stellen sind. Nach Art. 11 Abs. 1 GGV wird das Muster für drei Jahre als nicht eingetragenes Gemeinschaftsgeschmacksmuster geschützt.

671 Gedacht ist dieser Schutz insbesondere für Branchen wie die **Mode- und Schmuckindustrie**, in denen die Produktzyklen häufig sehr kurz sind, mithin der Erwerb eines Registerrechtes nicht lohnend erscheint (vgl. *Ruhl*, Art. 11 Rn. 3). Nicht verkannt werden darf, dass das nicht eingetragene Gemeinschaftsgeschmacksmuster für alle Marktteilnehmer zu Unsicherheiten in Bezug auf Schutzumfang und Schutzentstehung führt.

Erweist sich ein nicht eingetragenes Geschmacksmuster am Markt als erfolgreich, kann es sich empfehlen, den Schutz dadurch zu verstärken, dass das Geschmacksmuster zusätzlich als eingetragenes Gemeinschaftsgeschmacksmuster angemeldet wird. Aufgrund der Neuheitsschonfrist (Art. 7 Abs. 2 lit. b GGV) ist dies innerhalb von 12 Monaten nach Offenbarung möglich (s. Rn. 637). Mit der Eintragung erhält der Inhaber weiterreichenden Schutz (s. Rn. 677) und kann sein Ausschließlichkeitsrecht über die drei Jahre des nicht eingetragenen Gemeinschaftsgeschmacksmusters hinaus aufrechterhalten (s. Rn. 678).

Art. 11 Abs. 1 GGV verlangt für die Schutzentstehung, dass das Muster **der** **672** **Öffentlichkeit innerhalb der Gemeinschaft zugänglich gemacht** worden ist. Während bei Art. 7 GGV der Ort der Offenbarung ohne Bedeutung ist, wird für Art. 11 Abs. 1 GGV verlangt, dass die Zugänglichmachung **innerhalb der Gemeinschaft** erfolgt. Anderenfalls entsteht der Schutz nicht (BGH GRUR 2009, 79, Rn. 18 – Gebäckpresse; *Ruhl*, Art. 11 GGV Rn. 17 [mit Nachweisen zur heute praktisch nicht mehr vertretenen Gegenansicht]). Der Begriff der Zugänglichmachung wird in § 11 Abs. 2 GGV näher definiert. Erforderlich ist, dass das Muster in solcher Weise bekannt gemacht, ausgestellt, im Verkehr verwendet oder auf sonstige Weise offenbart wurde, dass dies den in der Gemeinschaft tätigen Fachkreisen des betreffenden Wirtschaftszweigs im normalen Geschäftsverlauf bekannt sein *konnte*. Hier anknüpfend wird versucht, mit Publikationen auf privaten Internetseiten (Beispiel: http://de.designprotection.com), einen Schutz als nicht eingetragenes Gemeinschaftsgeschmacksmuster zu begründen. Eine Positionierung der Rechtsprechung hierzu steht noch aus.

Nicht eingetragenes Gemeinschaftsgeschmacksmuster und ergänzender wettbewerbsrechtlicher Leistungsschutz (§ 4 Nr. 9 UWG) stehen in einem engen Verhältnis zueinander (näher *Köhler*/Bornkamm, § 4 Rn. 9.8). In der Klausur spielt dies aber nur dann eine Rolle, wenn Ansprüche aus dem Geschmacksmusterrecht und dem UWG zu prüfen sind (Fallfrage).

IV. Das Verfahren vor dem HABM, EuG und EuGH

673   1. **Eintragungsverfahren.** Zuständig für Anmeldung und Eintragung ist das „Harmonisierungsamt für den Binnenmarkt (Marken, Muster und Modelle)" mit Sitz in Alicante (umfangreiches Informationsangebot unter http://oami.europa.eu). Regelungen zum Anmelde- und Eintragungsverfahren finden sich in Art. 35 ff. GGV und in der Durchführungsverordnung zur GGV (Verordnung (EG) Nr. 2245/2002 vom 21. 10. 2002, ABl. EG Nr. L 341 vom 17.12.2002, S. 28 ff.). Die Gebühren bestimmen sich nach der Gemeinschaftsgebührenverordnung. Auch das HABM nimmt vor der Eintragung im Kern nur eine Formalprüfung vor (Art. 45, 47 GGV). Liegen alle Eintragungsvoraussetzungen vor, erfolgt nach **Art. 48 GGV** die Eintragung des Geschmacksmusters. Die Eintragung wird im „Blatt für Gemeinschaftsgeschmacksmuster" publiziert (Art. 48, 73 GGV: zugänglich über http://oami.europa.eu).

674   2. **Nichtigkeitsverfahren.** Anders als das nationale Recht kennt das Gemeinschaftsgeschmacksmusterrecht ein Nichtigkeitsverfahren vor dem Amt. Ein eingetragenes Gemeinschaftsgeschmacksmuster kann auf Antrag durch das **Harmonisierungsamt oder** auf **Widerklage im Verletzungsprozess** für nichtig erklärt werden. Typische Nichtigkeitsgründe sind die Kollision mit einem prioritätsälteren Geschmacksmuster oder das Fehlen von Schutzvoraussetzungen wie Neuheit und Eigenart (vgl. Art. 24 GGV). Ein **nicht eingetragenes Gemeinschaftsgeschmacksmuster** kann nach Art. 24 Abs. 3 GGV von einem Gemeinschaftsgeschmacksmustergericht (hierzu Rn. 680) (in einem separaten Verfahren oder auf Widerklage im Verletzungsprozess) für nichtig erklärt werden.

675   3. **Beschwerdeverfahren.** Gegen die Entscheidungen der Prüfer im Eintragungsverfahren **sowie** der Nichtigkeitsabteilungen ist nach Art. 55 GGV **Beschwerde** möglich. Zuständig für die Durchführung des Beschwerdeverfahrens ist eine **Beschwerdekammer beim HABM.** Es handelt sich hierbei um ein Verwaltungsverfahren, ähnlich dem deutschen Widerspruchsverfahren (vgl. *Ruhl,* vor Art. 55 GGV Rn. 1). Die Mitglieder der Beschwerdekammer genießen allerdings eine richterähnliche Unabhängigkeit (Art. 97 Abs. 1 GGV i.V.m. Art. 136 GMV).

676   4. **EuG, EuGH.** Gegen die Entscheidungen der Beschwerdekammer kann gemäß Art. 61 GGV Klage beim Gerichtshof der Europäischen Union erhoben werden. Funktionell zuständig ist das Gericht (**EuG,** Art. 256 AEUV). Gegen die Entscheidung des EuG ist **Rechtsmittel zum EuGH** (Art. 256 Abs. 1 AEUV, Art. 56 Satzung des Gerichtshofes) möglich.

V. Der Schutzumfang des Gemeinschaftsgeschmacksmusters

1. Schutzumfang. Für die Bestimmung des Schutzumfanges ist zwischen dem   **677** eingetragenen Gemeinschaftsgeschmacksmuster und dem nicht eingetragenen Gemeinschaftsgeschmacksmuster zu differenzieren. Art. 19 Abs. 1 GGV gibt dem Inhaber des **eingetragenen Gemeinschaftsgeschmacksmusters** ein **Benutzungsrecht und** ein **Verbietungsrecht.** Die dogmatische Bedeutung dieser Differenzierung ist noch nicht abschließend geklärt (vgl. *Ruhl*, Art. 19 Rn. 20 ff.). Naheliegend erscheint es, das Benutzungsrecht als Kern des Ausschließlichkeitsrechts zu verstehen. Das Verbietungsrecht beruht dann auf diesem Verbotskern. Das nicht eingetragene Gemeinschaftsgeschmacksmuster gibt dem Rechtsinhaber nur ein **Verbietungsrecht** (Art. 19 Abs. 2 GGV). Es setzt weiter voraus, dass die angefochtene Benutzung das Ergebnis einer **Nachahmung** des geschützten Musters ist. Schwierigkeiten bereitet im Prozess die Bestimmung der Anforderungen, die an den Beweis der Nachahmung zu stellen sind. Nach allgemeinen Beweislastgrundsätzen muss der Anspruchsteller die für ihn günstige Tatsache der Nachahmung beweisen. Hierfür ist grundsätzlich zu verlangen, dass eine Kenntnis des potentiellen Verletzers von der Gestaltung nachgewiesen wird. Ein Indiz für eine Kenntnis kann eine weitgehende Übereinstimmung der Gestaltungen sein (vgl. zur Beweislastproblematik *Eichmann*/v. Falckenstein, Gemeinschaftsgeschmacksmuster Rn. 12; *Ruhl*, Art. 19 Rn. 74 ff.).

2. Schutzdauer; Gegenstand des Vermögens. Die Schutzdauer des **eingetrage**   **678** **nen Gemeinschaftsgeschmacksmusters** beträgt zunächst fünf Jahre und kann auf maximal **25 Jahre** verlängert werden (Art. 12 GGV). Das nicht eingetragene Gemeinschaftsgeschmacksmuster wird **drei Jahre** geschützt (Art. 11 Abs. 1 GGV). Das Gemeinschaftsgeschmacksmuster ist ebenso wie ein nationales Geschmacksmuster Gegenstand des Vermögens (Art. 27 Abs. 1 GGV). Es kann übertragen werden (Art. 28 GGV) und Gegenstand eines Lizenzvertrages (Art. 32 GGV) sein.

VI. Rechtsverletzungen und Verletzungsprozess

679   1. **Ansprüche bei Rechtsverletzung.** Die Rechtsfolgen einer Verletzung des Gemeinschaftsgeschmacksmusters bestimmen sich nach Art. 89 GGV. Die Vorschrift ist für den deutschen Juristen ungewohnt formuliert, da sie nicht die in Deutschland übliche strikte Trennung von materiellem Recht und Prozessrecht widerspiegelt. Darüber hinaus bedient sich die Norm einer partiellen Verweistechnik. Der zentrale **Unterlassungsanspruch** folgt aus Art. 89 Abs. 1 lit. a GGV. Der **Schadensersatzanspruch** folgt aus der Verweisung in Art. 89 Abs. 1 lit. d GGV auf das nationale Recht, also auf § 42 Abs. 2 GeschmMG.

680   2. **Verletzungsprozess.** Ähnlich wie im nationalen Recht (§ 39 GeschmMG) besteht auch für das Gemeinschaftsgeschmacksmuster eine **Vermutung für die Rechtsgültigkeit** (Art. 85 GGV). Diese ist aber noch weitergehender als im deutschen Recht. Gegenüber dem eingetragenen Geschmacksmuster müssen Einwendungen grundsätzlich im Wege der Widerklage geltend gemacht werden. Bei einem nicht eingetragenen Gemeinschaftsgeschmacksmuster muss der Anspruchsteller zunächst die Voraussetzungen des Artikels 11 Abs. 2 GGV beweisen, bevor die Vermutung greift (Art. 85 Abs. 2 GGV).

681   **Zuständig** für Verletzungs- und Nichtigkeitsverfahren sind die Gemeinschaftsgeschmacksmustergerichte (Art. 81 GGV). Diese werden von den Mitgliedstaaten bestimmt (Art. 80 GGV). Die Rechtslage für Deutschland ist unübersichtlich. Eine Übersicht (Stand: Dezember 2006) findet sich in einer Informationsbroschüre des HABM (Abruf unter http://oami.europa.eu/ ows/rw/resource/documents/CTM/legalReferences/national_law_de.pdf, dort Seite 172 f.). Im Grundsatz sind die Gerichte zuständig, die nach § 52 GeschmMG auch für nationale Geschmacksmustersachen zuständig sind.

13. Kapitel   **Internationales Geschmacksmusterrecht**

I.   Allgemeines

Auch für das Geschmacksmusterrecht gilt das Territorialitätsprinzip. Jedes   **682**
Schutzrecht gilt also nur für das Gebiet, für das es erteilt worden ist. Ein deutsches Geschmacksmusterrecht nach dem GeschmMG hat demnach nur Wirkung im Gebiet der Bundesrepublik Deutschland. Schon frühzeitig wurde
daher versucht, über internationale Abkommen Schwierigkeiten beim Rechtserwerb und bei der Rechtsdurchsetzung abzumildern.

II.   Schutzsysteme

1. Pariser Verbandsübereinkunft. Die Pariser Übereinkunft vom 20. März 1883   **683**
zum Schutz des gewerblichen Eigentums (PVÜ) hat u.a. den Schutz von „gewerblichen Mustern und Modellen" zum Gegenstand. Sie ähnelt von der Funk-
tionsweise der Revidierten Berner Übereinkunft (zur RBÜ s. Rn. 603 ff.). Nach
Art. 2 PVÜ gilt der Grundsatz der Inländerbehandlung. Jeder Mitgliedstaat
muss die Staatsangehörigen aller anderen Verbandsländer hinsichtlich des Zu-
gangs zum Geschmacksmusterrecht ebenso behandeln wie seine eigenen
Staatsangehörigen. Nach Art. 4 A, C PVÜ kann nach der Hinterlegung in
einem Mitgliedstaat ein Prioritätsrecht in den anderen Verbandsländern in Anspruch genommen werden. Die Prioritätsfrist beträgt 6 Monate.

> **Beispiel:**   **684**
> A meldet am 15.7.2011 ein deutsches Geschmacksmuster an. Zuvor hat er
> bereits am 15.2.2011 das Muster in der Schweiz angemeldet. Er kann nach
> § 14 GeschmMG die Priorität (also den Zeitrang) der Anmeldung in der
> Schweiz in Anspruch nehmen. Sollte am 15.5.2011 ein Wettbewerber (W) des
> A ein identisches Muster in Deutschland angemeldet haben, könnte A dann
> aus einem *prioritätsälteren deutschen* Geschmacksmuster gegen W vorgehen.

685   **2. TRIPs.** Ebenso wie für das Urheberrecht (Rn. 610) garantiert das im Rahmen der WTO geschlossene TRIPs-Abkommen Mindeststandards für den Geschmacksmusterschutz. In Art. 25 f. TRIPs findet sich eine Verpflichtung der Mitgliedstaaten, einen wirksamen Schutz für „neue, eigenartige" Muster zu gewährleisten.

686   **3. Haager Musterabkommen.** Von zentraler Bedeutung für das internationale Geschmacksmusterrecht ist das Haager Abkommen über die internationale Hinterlegung gewerblicher Muster und Modelle (HMA, Haager Musterabkommen). Die Mitgliedstaaten haben einen internationalen Verband gebildet, der den Zugang zum Geschmacksmusterschutz erheblich erleichtert. Verwaltet wird das Abkommen von der WIPO (World Intellectual Property Organization) mit Sitz in Genf. Die Mitgliedstaaten des HMA können eine „internationale Anmeldung" einreichen, die zu einer „internationalen Eintragung" führt. Diese „internationale Eintragung" hat gemäß Art. 14 Abs. 2 HMA (für die Bundesrepublik Deutschland i.V.m. § 71 Abs. 1 GeschmMG) grundsätzlich die Wirkung einer *nationalen* Geschmacksmusterregistrierung. Scharniernormen für das Zusammenwirken von GeschmMG und HMA finden sich in den §§ 66 ff. GeschmMG.

Stichwortverzeichnis

Die Ziffernangaben beziehen sich auf die Randnummern des Buches.